小澤愛次郎著

皇國劍道史

田中誠光堂発行

序

武道は日本民族特有の精神を、永遠に傳ふる要道であり、國運の興隆も亦之に依つて培はるゝ所、洵に多く、決戰下我が國民に對する緊要必須の敎養である。

今や有史以來未曾有の國難に直面し、御稜威の下、皇軍克く神武の威力を發揮し、輝く戰果を擧げつゝあると共に、銃後の國民も亦戰力增强に協力し、大東亞建設の偉業完遂に邁進しつゝある。

されど前途尙幾多の困難を克服せねばならぬ、此の時に當り武道の眞諦と共の歷史を識り、肇國以來の脈々たる日本精神を振起し、一劍君恩に報ゆる覺悟を昂揚せしむるは、寔に刻下緊要の事である。恰も皇國劍道史の發刊に望み余に序文を求む。卽ち所感を述べて序に代ふる次第である。

陸軍大將
大日本武德會副會長　男爵　奈良武次

自序

我が日本皇國は、
劍によつて生れ、劍によつて發達し、劍によつて世界に冠たる
彌榮の國である。其の肇國より今日迄の歴史は、即ち劍の道によつて一貫され、
劍の道によつて其の全般を物語る事が出來る。
未曾有の非常時に際し、即ち劍の道を以つて日本皇國を綴り、國民の士氣鼓舞
に資し、併せて、劍道の資料に供せんとす。

昭和十九年八月

著者識

皇國劍道史目次

皇國劍道史附錄

第一篇 神代

第一章 細戈千足の國

民族の生存する處、必ず鬪爭あり、鬪爭ある處、必ず武器なかるべからず、又武器あれば、自ら技法の生ずるは當然の理である。之れ我が國神代より、細戈千足の國と稱し、劍、刀、鉾(矛)、槍、弓等、多くの武器が存在したる所以であり、又相當に發達したる、武法があつた所以でもある。

文献の示す所によれば、劍には、八握劍、九握劍、十握劍を初め、麁正劍、天蠅斬劍、羽々斬劍、大葉刈、神戸劍等があり、又、頭槌刀、天逆太刀、天瓊矛、茅纏矛、廣矛、天逆矛、嚴矛等があり、其の他、鋤の類、弓矢等多數の武器が、充足したるは明かである。

而して此等の武器を有利に使用し、巧みに他民族を征服する爲に、適當なる武法の錬磨が行はれたるは、想像に難くはない。殊に我が大和民族は、勇武に富み、智謀に長け、意志强固なりしは、幾多の文献によつて明かであるから、武法の錬磨は、今日想像以上のものであつたかも知れない。

多くの武器中、特に大和民族が、「劍」を愛したるは、民族の特性であつて、懼れ多くも、伊弉諾尊を初め奉り、天照大神、素盞嗚尊は申すに及ばず、諸神悉く劍を帶し給ひたるは、劍を以つて身を護り、劍を以つて心となし給ひし證左である。

第二章　武人三刀

「日本書紀」神代の巻に

『日神本知ニ素盞嗚尊有ニ武健陵レ物之意一及ニ其上至一便謂弟所ニ以來者一非ニ是善意一必當奪ニ我天原一乃設ニ大夫武備一躬帶ニ十握劍、九握劍、八握劍一又背負ニ千箭靫一又臂著ニ稜威高鞆一手握ニ弓箭一親迎防禦』

とある。之れ明に、神代既に三刀を帶し、自ら恒に兵陣の第一線に立ちて、白兵接戰し給ひしを物語つてゐる。即ち三刀とは、激戰に備へる爲で、一刀折れ、二刀傷くも、尚且つ備へあるを表示するものである。

尙、「日本書紀」には、伊弉諾尊が、軻遇突智なる凶賊を、帶び給ひし、十握劍を拔きて斬り三段になし給ふと述べ、又武甕槌命、經津主命の二神、出雲國五十田狹之小汀に降り給ひ、大己貴命の經營し給ふ國土を、天照大神に讓渡せしめ給ひし際、二神は則ち十握劍を拔いて、倒に地に植ゑ、其の傍に踞し天照大神の仰言（おほせ）を傳へ、之れを議せらる、云々とある。

之等の文獻より見れば、劍は即ち我が肇國よりの生命であり、魂であつた。

後世劍道の起源を、之等の文獻にとり、伊弉諾尊の十握劍、又は武甕槌命及び、經津主命の十握劍等より、發足せりとなすものもあるが、そは餘りに文獻に捕はれ過ぎ、劍の道は、一定の時期に限らず、劍の出現と共に隨次發足せりと見るべきである。

第三章　屈刀（くつたう）と頭槌刀（かぶつちたう）

神代の刀は、屈刀と頭槌刀が主である、屈刀は、圖の如く平造り、一双の屈り刀で、極く手輕で、素朴であるが、斬れ味は相當であつたらしい。屈刀は支那系のもので、支那の太古、黃帝が首山の銅を採つて造らしめしに始まると言ふ。爾來鐵の產地、滿洲以東で、鐵を以つて造り我が國に傳はつたのである。

頭槌太刀は、刀身、屈刀に似てゐるが、屈刀程屈つてゐない、稀に直なのもあつた。

屈刀

矛

鉾

槍

第四章　劍法の程度

前述の如く、我神代の諸神は、勇武にましまし、特に劍を愛し給ふたが、中にも素盞嗚尊、建雷命は武名異民族に轟き互り、劍を振つて爽〻颯と立ち給へば、吹く風も止んだと言ふ。其の頃の劍法が如何なる程度のものであつたかは、深く知るに由もないが、神代の代表たる、屈刀と、頭椎刀と古事とを綜合すれば、

1、三段構

之れは文献にも明かで、上中下の三段、即ち今日の劍道と同じく、上段の構へ、中段の構へ下段の構へを執つた。

2、右片手

屈刀、頭椎刀何れも、柄が短く、頭が大きく、兩手で扱ふよりも、片手で使つた方が有効であり、從つて常則として右片手を執つた。然し時には左手を添へたり、又實戰には、楯を併用したりしたらしく思はれる。

3、皮を斬らせて肉を斬る

皮を斬らせて肉を斬り、肉を斬らせて、骨を斬るは、我が國軍、今日と雖其の戰法を執つてゐるが、既に神代の昔より此の方法を執つた。即ち屈刀、頭槌刀は刄の方に屈んだ形であるから、先きでは、敵を仕止むる事が出來ない、元斬りである。故に勢ひ然うした結果となる、即ち今日我が軍人の戰法が、神代の太古に生じ、而かも其れが自然の發達から生れたる原則であるは、此の事自體が既に神國と言はねばならぬ。

4、修行法

既に劍あり、劍を以つて敵と戰ふ以上、自ら法術を生じ、法術を究むる上は、當然修行を必要とする。即ち試切り、素振り、素突き、早術等を練磨したものと思はれる。從つて對敵方法に非ず、單獨修行であつたと見るべきであるが、時には試合の如き、實戰的なる、練磨もなかりしとは斷言出來ない。

鎗の類は、突きを以つて敵を倒した。先端に鐵、銅器を使ひ相當に發達したる技法を以つてゐた、即ち今日流行しつゝある銃劍術の術とさして異りはない。唯柄の長短は、好みによつたものらしく、主に其の長きを執つたと見るべきである。鉾、鎗の類は、或は石器、或は鐵器、或は銅器ありで、其の形も種々あつた。

第五章　尙武の氣風

天つ神は、伊弉諾尊、伊弉冊尊の二神に詔して

「此の漂へる國を修理固定せよ」

と命じ給ふた、而して授くるに天瓊矛を以つてせられた。天瓊矛は赤玉の如く光り輝き、諸(もろ)刄(は)の劍に柄がついて、後世の槍の如きものであつた。

二神は恭しく勅命を拜し、天瓊矛を以つて、海中を探りて、之れを引き上げ給ひしに、其の矛尖より滴り落ちたる潮水が、凝り固つて、一島をなした。之れが淤能碁呂(おのころ)島である。淤能碁呂島を、一說に日本本土となすものもあるが、多くの文獻を參酌すれば、其れは、淡路島であるのが、順當らしい。されど淤能碁呂、即日本本土となす說は、其の尙武の大精神より我が國民が生れしを、示唆する有力なる說として、大に味ふべきである。

次いで天孫瓊々杵尊が、日向の高千穗峰に降臨遊されし際、矛が眞先きに、國土にふれてゐる。而し其の矛は、刄向ふものに對しては、容赦なく斬擊するが、皇孫の御聖意を解するものに對しては、即ち仁愛の矛であつた。天孫は山岳重疊の間に降臨遊ばされしが、先づ蠻族の酋

長、大鉗小鉗を綏撫し給ひし處、酋長はよく聖旨を奉じたので、之れに耕作の道を敎へ、仁慈を垂れ、德化を以つてのぞまれたのである。

爲に、天地晦冥、晝夜を別たず、人物道を失ひ、物色を辯ぜざりし世界が、忽ち天地開晴、日月照光すとある。天孫が如何に御德深く、仁政を垂れ給ひしかゞ拜察出來る。之れも矛の德であり、劍の威に依つて生れし、仁政である。

「劍と仁愛」即一體であるは、開國の初めより、我が國體を貫く大精神である。

因に皇孫御降臨の際、天忍日命、天津久米命は、天石靫を背負ひ、頭槌の太刀を佩き、天波士弓を持ち、天眞鹿矢を手挾み、御前に仕へ奉つたと文献にある。

第六章　神代の鬪爭

神代既に、立派な刀劍あり、相當發達したる劍法ありたるは、前述の通りであるが、然らば神代には、如何なる鬪爭あり、何が故に、斯く劍、鉾等を必要としたるか、何が故に斯く劍法を發達せしめしかを述べて、併せて、神代劍道の實際を證明して見よう。

△高天原は現實界△

天御中主尊が、御降下遊されし當時の日本は、一説には無人島なりと稱する人もあるが、多くの文献を綜合すれば、決して無人島ではなかつた、既に多數の先住蠻人が全土に蟠居し、或は穴居し、或は巣棲し、鳥、獸、魚等を食用してゐた。而して概ね石器、土器、稀には角等を使用し、獸皮等を着て、獸類に近き生活と、獸類に近き闘爭とを續けてゐたのである。之の時代を石器時代と言つた。蠻人の種類は、最初は一種族であつたかも知れないが、蟠居の場所、或は漂着の人種等に依つて、或は土蜘蛛、或は韃靼、或はコロボックル、或は熊襲(くまそ)等であつた。

其處へ、天御中主尊が、御降下遊されたのであるが、御降下に就ても一説は、中央亞細亞方面より、蒙古、滿洲を經て、朝鮮より御亙りになつたと論ずるもの、一説には南洋方面又は南支那方面より、御渡降遊されたとするもの等あるが、本書では其の何れが眞であるかを論ずる必要はない。御一行は、既に石器時代より、銅器時代を經て、鐵器時代に進歩したる、立派な當代一流の文化を持ち、衣服を織り、建築術を知り、金銀細工も巧みにして、特に刀劍の鍛冶を初め、弓、矢等の武器は、非常な發達を見てゐたのであつた。

而かも懼れ多い事ではあるが、御一行は、山紫水明の日之本を發見さるゝ迄には、相當の御苦心、多大の御犠牲を拂ひ、種々なる試錬を經給ひし御結果であつて、最優秀の少數の方々のみが、御本望をお遂げ遊ばされたと拜察すべきである。

△大勢に小勢△

斯る御優秀なる方々が、斯る文化を持つて御降下遊されたのであるから、まだ石器時代の野蠻人たる先住種族どもが、到底敵すべきではないが、御一行は前述の如く極く少數の方々であつたから、蠻人どもは、多數を恃んで、容易に屈伏しなかつたのである。玆に於て當然討伐は行はれねばならぬ。されど御一行は或は大陸を互り越え、或は洋々たる海航を經させ給ひ、且數多の蠻人どもと戰ひを交へ、實戰に於て錬成し給ひしお腕前ではあり、屈刀ではあるが、斬れ味に於て、劍法に於て御優秀ではあり、而かも、大勇と、智謀に長け給ひし御一行ではあり着々として御事蹟の上つたのは勿論であつた。

然し先住の野蠻人どもも、先入優越觀を以つて、劣勢の武器ではあるが、常に鳥獸を捕へ、又は蠻人同士の闘爭に鍛へし腕を揮つて反抗したので、闘爭は却々激烈であつたのである。玆に劍法は益々研かれ、劍、鉾、弓等も實戰に適應するやう、改良發達せしは、當然の結果であつた。

獨り鍛刀術のみが、他の技術に比し驚異なる發達を見たるは、闘爭が如何に激しかつたかを物語るものである。

第七章 神代總論

愼みて、昭和の今日、數千年の太古を仰ぎ見る時、吾等大和民族は、愕然として、神々しき歡喜の涙に咽ばざるを得ない。即ち劍道を通じて仰ぐ神代は、爾來幾多世相は變り、時代は變遷し、數多の思想、曲折の科學を經たる吾等に取つても、何等隔世の感なきを覺ゆるからである。

劍は、屈刀と日本刀との差こそあれ、鉾は、矛と銃劍の違ひこそあれ、其の大精神に於て、其の錬成に於て、些の變りなき莊嚴さを覺ゆるからである。即ち神代に於ては、國内の一部を平定し給ひしに比し、昭和の今日では、大東亞民族共榮の爲の劍であり、鉾である。

懼れ多くも、日本建國の大精神は、三種の神器にお執りあそばされた、即ち鏡は公明正大の威德であり、曲玉は仁愛の大德であり、劍は即ち之の公明と、仁愛を必ず實行すべき、强き意志である。萬難を排して日本精神を成し遂ぐべき、强き力である。若し之れを妨ぐるものあれば、已むなく涙を揮つて、之の劍を拔くのである。

遙々数千年、神代に於ける、劍も、昭和の今日に於ける劍も、共に之れ天與の大德の彰れであるを知る時、誰れか血涌き肉躍るの感にうたれざるものぞ。

而かも好事魔多し、神代に於ける武人の勞苦も、今日第一線に戰ふ將兵の勞苦も、共に之れ、時代を超越し、形を沒却し、純然たる皇國精神の脈々たる一線の流れであるを知る時、誰れか、歡喜發奮の熱情に泣かざるものぞ。

註一　高天原

神代に於ける高天原に就ては、種々異說もあるが、本書は比較的確實なる史材に據つて記述したるものである。而し劍道史には直接大なる影響もあるまいから、讀者は本項を已れが信念の上に立脚し、國體の崇尊を主體として解釋すべきである。

註二　天の瓊矛

伊弉諾尊、伊弉冊尊の二神は、天の瓊矛を以つて淤能碁呂島を生み給ひ、更に天の瓊矛を携へて、國土を巡遊し給ひ、西九州の日向橘の小門に至り、道中埃にまみれた御身を祓ぎ給ふたが、此の際天の瓊矛は、日向の高千穗の久士布流峰に止め給ふた。即ち此の峰が皇孫の御降臨遊ばされ發祥地である。

之の高千穗の山頂には、今も尙天の瓊矛が遠き神代の壯嚴を秘めた儘、儼然と祭つてある。而し其れは伊弉諾尊が携へ給ひし、神代當時の矛ではない。種々の說もあるが、恐察するに、三種の神器の模作と同期、崇神天皇の朝即ち二千年程前の模造であり、眞の矛は、三種の神器と同樣、五十鈴の神境靈地に姿を秘め、天壤と共に長へに拜することが出來ないであらう。

註三　十握劍

神代の神々が佩き給ひし、十握の劍、其の十握とは、全身の半度を言ふ。何故なれば人身は丈高きも低きも、其の身の手を握つて計れば、二十握なり、(指にて八十指にあたる)又手を平におき、五指にて計れば十六あり、左右の手を平におけば八なり、是れは十人が十人違ふことなし、依つて十握を人身の半とす。十握劍は又、大葉刈、大量とも言つた。(又樂庵示蒙話)

又十握劍は恐れ多くも

「伊諾弉尊、いたく御怒りまして、御佩せる十拳劍をぬきて、その御子迦貝土ノ神の御頸を斬り給ひき」

と古事記にある。後この劒を、天照大神に傳へ給ふたが、天照大神は岩戸にお隠れ遊ばされし騒ぎの際、混雜に紛れて膽吹山頂より、取り落し給ふたのを、拾つて所持してゐたのが、兇賊八俣の大蛇である。

八俣の大蛇は、素盞鳴尊に退治され、神劒十握の劒は、天照大神に奉還されたのであつた。

（一說による）

而して今日現存してゐる神代の劒は、この神劒天之叢雲の劒、後、草薙劒と、大和の國石上神宮寶藏にかゝる、素盞鳴尊が佩び給ひし、斬蛇の十束劒、一名蛇韓鋤劒、常陸國、鹿島神宮、神殿下に埋藏せらる武甕槌神の佩び給ひし、韴靈劒との三劒あるのみである。

註四　神代の刀工

我が日本刀は、神代肇國の初頭、國常立命から、伊弉諾尊に傳へ給ひし、天之瓊矛、一名天之逆鉾。更に十握劒、之れは天之尾羽張劒、伊都之尾羽張劒とも稱し、天照大神に傳はり、天叢雲劒、草薙劒、（都牟刈之太刀）となり三種神器となつた。次に天照大神の八握劒九握劒、素盞鳴尊の十握劍、一名、蛇韓鋤劍、蛇之麁正、天之羽々斬。又、武甕槌神の韴靈之劍、天宇受賣命の著鐸の矛、大國主神の八廣矛（大國の廣矛）味耜高彦根命の大葉刈、一名神度劍、天忍日命の頭推之太刀等は有名であるが、其の他の神々が所持し給ひし、劍や矛は多數である。之れ等の、矛、劍を鍛造したる作者は、天之麻宇羅命、一名天目一箇神及び、別に鍛人天の麻宇羅の門葉であつた。

又一説には、高天原で、天照大御神は、石凝姥命を、鍛工とし、天香山の金を採つて、劍を造らしめ給ふたとある。又、眞名鹿の皮を、全剝に剝ぎ、天羽鞴を造つたといふ文献がある。之の「鍛工」「鍛人」「羽鞴」と言ふ、文字は深く味ふべきである。即ち神代の刀劍が、支那の如く、鑄物でなく、精根をこめたる、鍛錬、鍛冶して造つたもので、型に嵌めて造つたものに精神なく、心血注ぎし鍛刀に、魂の宿るは當然の理である。

第二篇　上代

第一章　大勇と深謀

神代に於て、既に武器充足し、武法發達せる日本民族は、人皇時代に至り、ます〱刀劍の法、矛槍の術に長じ、之れに依つて先住蠻人を征服し、大に皇國の基礎を開いた。懼れ多くも神武天皇が、御東征をはじめ奉り、日本武尊が、縦横に武威を輝かせ給ひしが如きは、三尺の童子と雖知らぬはない、而して茲に特に明記すべきは、我が日本民族が、武を錬り、劍を執るに當り、如何に大勇と、深謀に長けてゐたかである。

其の代表とも申上ぐべきは、神代に於ては、素盞嗚尊が、八岐大蛇を退治し給ひしと、上代では、神武天皇が、忍坂邑（おしさかむら）の御深謀と、日本武尊の川上梟帥並に出雲健の御退治である。

素盞嗚尊が、御退治になつた、八岐大蛇と言ふのは、一説には、仍且（やはり）、手におへない大蛇を形容したものだと言ひ、一説には又、蠻族の酋長の事で、八岐（やまた）といふは、其蠻族名であり、恐らく越國たる北陸方面に蟠居したる、多數の魁帥であつたと言ふのであるが、何れにしても餘程手剛い相手であつたには違ひない。

其の手剛い相手に、たらふく酒を呑ませ、酒槽に娘の顏を映さしめし程、もてなして、相手が鯨飲の後、熟睡に陥つた所を、佩き給へる、十握劍で、寸斷々々に斬り殺し給ふたのであつた。

劍を執るには、今も昔も變りはない。無暗矢鱈に劍を振り廻すだけでは、効果がないのみか却つて劍折れ身傷き戰敗を見るのみである。大東亞戰爭が勃發するに當つて、眞珠灣の一擊は其の方法に於て異るけれども、日本民族の大勇と深謀とを有力に物語るものである。

素盞嗚尊は、強敵を易々と殺害し給ひ、其の所持してゐた劍を奪ひ、後之れを天照大神に奉納遊された、之れが三種の神器の一つなる天叢雲劍である。即ち劍を以つて劍を奪ひ給ひしは日本民族の大智と大勇を顯示して餘りあるのである。

又神武天皇が、八咫烏を先導として、大和路深く御征討の軍を進め給ひ、宇陀といふ處にお出遊された。宇陀には、兄猾、弟猾の二人の魁帥がゐた、天皇は、八咫烏を遣して、二人を召され、天つ神の御通行にお仕へするやう諭し給ふたが、兄猾は容易に服せず、却つて八咫烏を鏑矢を以つて射返した。そして俄に大殿を作り、殿内に釣天井の如き、抑壓仕掛(しかけ)をなし、欺きて天皇に仕へ奉ると稱した。早くも此の詭計を知り給ひし天皇は、道臣命と大久米命の二將を遣(つかは)し給ふた。二將神は、

「汝、眞に恭順の意あらば、先づ殿内に入つて跪座せよ」

と、劍を拔いて殿内に追ひ込み、難なく之れを壓殺し給ふた。之れ今に傳ふる、宇陀の釣天井であり、宇陀の血原である。

所が大和、國見山には、八十梟帥と言ふ强賊がゐて、其の勢力却々侮り難いものがあつた。又葛城山の東麓高尾張邑にも、赤銅(あかがね)の八十梟帥が居り、此の外、新城戸畔(にひきとべ)、居勢祝(こせのはふり)、猪祝(ゐのはふり)等の土蜘蛛(つちぐも)が蟠居して、前途頗る多難であつた。

この時である、天皇は進發に臨んで

「神風の、伊勢の海の、大石によ、結び纏へる、下臣の、下臣の、吾子(あこ)よ、吾子よ、下臣の、結び纏へり。撃ちてし止まむ、撃ちてし止まむ。」

と、必勝の御製を軍中に示し給ひ、大に士氣を鼓舞されたのであつた。而して、天皇は曩(さき)に兄猾が詭計を案出せしを、お酌み取りになつて、更に之れに天皇御獨創の妙案を加へ、一擧に

賊どもを討伐すべく計畫されたのである。

之れが即ち忍坂邑の御深謀である。天皇は先づ弟猾を使として、甘言を以つて、賊首多數を手なづけ、大祝宴を張るべしと招待を發せられた。道臣命は、大久米部の兵を率ゐて、忍坂邑に大室を作り、兵の中より別に八十人の强者を選定し、膳部を運ぶ膳夫(かしはで)となし、一人每に一人の賊首に當らしむる事、即ち一騎討と言ふ新案を立て、相圖の歌と諸共、一齊に起つて皆殺しにすべく饗應されたのであつた。

斯る計略ありとは、知る由もなく、多くの八十梟帥どもは、酋長たる傲慢の情に任せて、豪飮、亂醉し、杯盤狼藉至らざるなき、折も折、道臣命は、祝歌を謡ふべしと起つて、

「忍坂の、大室屋に、人澤山に、來(き)入り居り、人澤山に入り居りとも、瑞々(みつみつ)し、久米の子等が頭椎(かぶ)、石椎持ち、撃ちてし止まむ、瑞々し、久米の子等が、頭椎、石椎持ち、今撃たば宜し。」

と、謡ひ給ふや、久米部の精兵八十人は、一齊に劍を拔き放ち、一人一刀の一騎討ちにて刺し貫き、悉く之れを鏖殺してしまつた。

之れは天孫民族の大智と大勇とを示現するは勿論、知識を廣く求めて、其の長所を攝り更によりよきものとなす、大量を敎ふるものである。爾來日本民族が今日の發達を見たるは、此の

大量によるもので、即ち宗教、文教、技術、科學等總べて、其の知識を廣く世界に求め而かも之れを巧みに消化し、日本民族特有のものとなし、國運に寄與し奉つたからである。

（因に神武御東征の際、紀州熊野に於て、惡神ども熊となつて皇軍を惱ます。時に高倉下と言ふ者、夢に『天照大神、建御雷神に……中つ國は亂れゐる故、行きて征せよ……と命ぜらる、建御雷神對へて……予行かずも國を平げ給ひし劍を下さば自ら平がん、高倉下よ、朝になつたら必ずこの劍を天皇に奉れ……』と仰せられた。高倉下は目醒めて驚き倉に行くと劍、倒に倉の屋根を拔き板に立つてゐた。即ち取りて之れを獻ず、全軍惡夢より醒め、勇新に凶賊を平げたと言ふ史話もある。）又日本武尊が、川上梟帥を誅討し給ふに當りては、巧みに女裝し、單身强敵の內懷に入り、機を見て之れを一刺に戮殺し給ひしが如き、或は出雲健を川泳ぎに誘ひ出し、巧みに太刀を取替へ、一擧に之れを退治し給ひしが如き、又神功皇后が、天子崩ぜりとふれ出し、之れを喪船に奉じて海路を進み、陸に近づくや突如武裝せる强兵、喪船より躍り出で、一擧敵を襲ひて、巧みに之れを討伐し給ひたるが如きは、如何に日本民族が智に長け、勇にまさりしかを知る事が出來る。

此等の、大勇と智謀は、等しく武人が具備せし處で、良將の下弱卒なきは理の當然である。

斯く大勇と、深淵なる智謀を根底としたるゝ日本民族の武法は、愈々其の鋭鋒を現し、賊徒は遂に其の武威に慴伏するに至つたのである。

第二章　武器多産時代

崇神天皇の御代に至り、武法は一大飛躍をなした、當時如何に武道が旺盛なりしかを物語るに、

「皇子、豐城命は、夢に御諸山に登りて東に向ひ、八廻弄槍し、八廻擊刀し給ふ」

と言ふ文献がある、擊刀は即ち太刀打である。又天武天皇の長子、大津皇子が、壯に及んで武を愛し、多力にして能く劍を擊つ、とある等を見ても、當時は武法盛んにして、刀劍の製作も亦之れに伴ひ、隆盛となり、武備は整ひ、武道は振ひ皇威は四方に輝いたのである。

次で垂仁天皇の御代には、百濟國に出兵し、半島との關係が危機に瀕してゐたので、一時に太刀一千口を作らしめ、大和忍坂邑に藏せしめ、太刀佩部を定め之れを管理せしめ給ふた。繼體天皇は、筑紫國造、磐井を追討するに當り、物部麁鹿火に對し、劍を授け給ふた。これ我が國に於ける

『節刀』の端緒である。

又推古天皇の御代、來目皇子をして、新羅を討たしめ給ふに當り、皇子は大和忍海漢人に命じ、多數の武器を作らしめ、堂々新羅に討ち入り給ふた。

此の外、欽明天皇時代より、出羽の國、月山に屯置せられし「俘囚」たちを初め、民間にも武器の製作隆昌を極め、神代上古を通じて、此の時代は、武器多產時代であり、武道興隆時代である。

第三章　直刀時代

神代の末期には、屈刀が稍、直になり、直刀時代に入る前徵を示したものがあつた。即ち神武天皇の御東征時代に、御所持になつた劍は、旣に直刀であつたと唱ふる學者もある。さすれば其等の刀劍は、即ち神代の末期に作られたものが多い事となる。

而して上代は、一つに直刀時代と言ふ、神功皇后三韓征伐後は高麗刀時代と言つた。この高麗刀は、三韓より傳來したる直刀であるが、高麗直刀と幷んで、頭槌（かぶつち）の直刀といふが流行した。之の直刀は屈刀とは異り、中程で斬ればよく敵を仕止むることが出來る。故に屈刀の元斬より實戰に適し使ひよく、高麗直刀と共に愛撫されたものである。

直刀には、頭椎と環頭とあつて、屈刀より進歩改良されたるもので、屈刀より細く長く双部三尺に及んだものもあつた。環頭は頭椎の代りに環狀の頭をつけたものである。

之等の直刀は、持統天皇の御代まで、上流社會に歡迎されたのである。

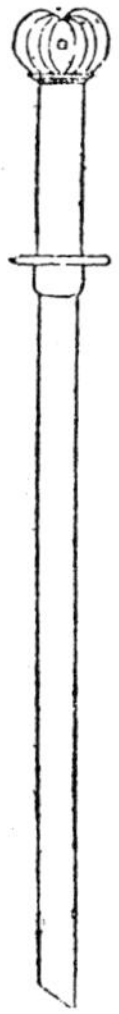

頭椎の直刀

高麗刀

第四章　劍道型の嚆矢

神代より上代に至り武法は進み、武器は改良されたが、未だ劍道の型を定むるに至らなかつた。各自便宜の方法を以つてした。然るに紀元一千年、仁德天皇の頃（又は應神天皇の頃とも言ふ）、常陸國、鹿島神宮の大行事、國摩眞人（くになづ）といふ者、頗る劍道を好み、鹿島神宮の境内に高天原の神壇を築き、齋戒沐浴一千日參籠祈願の後、

「神妙劍」

と稱する、一種劍道の型を定めた。これ我が國劍道の規を立つる、最初であつた。世に鹿島の太刀と稱し、劍道の宗家と崇め、之れを學ぶもの頗る多く、其の子孫は代々、此の法を傳へたが、中興時代、塚原卜傳に至り、之れを新當流（しんたうりう）と改稱した。（新當流參照）

第五章　上代總論

日本民族の武道は、神代より、大勇と、智謀とを基幹として、颯々として輝いた。上代に至つて愈々上達し、益々其の武威四方に閃き、賊徒相次いで降伏し、皇威になびく版圖も擴まつ

た。從つて之れ等の皇土に備へ、更に賊徒追討の必要から、武道は大に盛んとなり、武器も亦空前の發達を見るに至り、其の製法も多量に上つたのであつた。

即ち神代を發端時代と稱するなれば、上代は、第一期の完成時代とも言へやう。刀は屈刀より直刀に、劍法も著しく發達圓熟したるものと見るべきである。

文献の示す所によれば、日本武尊の三位といふ一條がある、之れは三段の構へとは異り其の深義は別項に記述の通りであるが、其の表示は、仍且、上段、中段、下段の構へである。神代の篇にも述べた通り、之の型は餘程以前からあつたものらしい。

神代に於ける三段の構へと、上代に於ける三段の構へとが、如何なる程度に發達したるものかは、知るに由なきも、屈刀の三段の構へと、直刀の三段の構へとは、其の精神に於て、其の大乘的劍法に於ては、何等異る所なきも、微妙なる技能の上に於ては、自ら變化なかるべからず、從つて當代に於ては、神代の片手上段の構へが、諸手上段となり、片手中段、片手下段の構へが、諸手中段諸手下段となる等、自然の變化があつたものと見るべきである。のみならず劍技は種々複雑となり、遂には鹿島神宮に於ける、「神妙劍」の新しき型を見るに至つたものである。

註一　日本武尊三位一體の法形

日本武尊の三位一體の法形は、我が肇國の大精神、三種の神器の大理想を以つて根本義とされた。即ち汝の手にせる「天位」の劍と、我れが手にせる「地位」の劍と、而して之れが互に切り結びたる「十字」の處に、眞の「人」があると解説されたのである。故に劍は人を斬る爲の器でなく、眞に人を知り我れを知り、先づ已れに克ち、人に克ち、一切の困苦に打ち克つべき、人道至上の道義を含め、以つて萬物生成、萬民共存共榮、世界平和の大眞理を説述されたのである、後世之れを簡單に、天、地、人の構へ、即ち上段、中段、下段の構へと即解するのであるが、其の眞意は斯く深長なるものであり、今日、大東亞戰爭の御聖旨も、この三位一體劍人一致の大精神に外ならぬ。

そも〳〵劍の眞義は、單に「劍（つるぎ）」といふ文字のみに、存するのでなく、『ツルギタチ』といふ、我が國古來の言靈（ことだま）に通じ、この『ツルギタチ』の國語に眞の劍道があるのである。故に我が國の劍道のみは、儒教、佛教、基督教乃至西洋哲學を以つて、到底解する能はざる深淵なるものである。然るに從來我が國の劍道家乃至學者連は、神ながらの言靈を閑却し、徒らに劍を誤り、武士道教育の眞義を混沌せしむるに至つたのである。「ツルギタチ」といふ言靈は、『ツルギ』と『タチ』の二つの意味でなく、一つの刄物にて、ツルギは突き研きて光明を發せしめタチは斷ち磨きて光明を發せしむる意である。即ち一刀にて縱に突き、横に切るの二つの作用をいふのである。

縱に突くは、相手の水月（みづおち）を突いて、人を覺醒せしめ、横に切るは、むらがる邪念惡想を斷ち切つて、人心を明鏡止水に置く事である。而して共に携へて、人道極致境に達せんとするのである。汝の手にせる、天位（上段）の一劍と、我が手にせる地位（下段）の一劍と、互に中間に十字に切り結びたる形「人」即ち中段となり、即和、即交、即靈交（ひと）となる。聖徳太子御制定の十七ケ條の憲法に

「一に曰く、和を以て貴しとなす」

とあるは、之の日本武尊の、三位一體の法形より出でたるものである。

此の三位一體の大理想は、萬古不變の大眞理にして今次の大東亜戰爭は、即ち相手を、縱に突いて覺醒せしめ、横に様々なる邪念惡想を斷ち切つて、共に共に手を携へ大東亜の共存共榮世界平和、萬物共成の理想境に達せんとする、大理念に外ならぬのである。

註二　上代の刀工

神武天皇御東遷の途、安藝國埃宮(えのみや)に於て備中國川上部、大和國天津眞浦等を召され、矛、盾、矢の根、刀劍を造らしめ給ふたが、綏靖天皇の朝に至り鍛人天津眞浦は最も有名であつた。眞浦は、神代の刀工、天の麻宇羅命の苗裔と稱され、崇神天皇の朝には、名工天國が出現した。崇神天皇は神靈の示唆により、矛や劍を名ある神社に奉納遊され、次で天孫より歷代天皇の奉安し給ひし、三種の神器を、神威神靈を冒瀆する恐れありとて、石凝姥命の苗裔に神鏡を、天目一箇命の苗裔に神劍を模造せしめ給ふた。天目一箇命の苗裔と稱されしは天津眞浦の苗裔のことで、在銘以前初期の名工天國である。

垂仁天皇の朝には、技術愈々發達し、河内國茅渟の河上に、劍工河上が現れた。垂仁帝の皇子、五十瓊敷命が、茅渟の菟砥の川上の宮に在したので、河上に命じ、刀劍一千口を作らせ給ひ、之を忍坂の武庫に藏し國家の急に備へられた。一千口の刀劍は、川上部とも裸伴(あかはだかのとも)とも言ひ、河上は鍛工の一部落の名であつた。

又、八十手と言ふ鍛工の集團もあつた。應仁天皇の朝には、百濟の鍛工卓素なるもの、七技刀を献じ、部下の鍛工を率ゐて歸化した。日本古來の倭鍛と、韓鍛部とが設けられ、兩者は自然競爭となり、却つて鍛工術の進歩を促した。

降つて推古朝に至ると、佛敎の傳來と共に、支那文化が輸入され、支那銅製の劍が歡迎されるに至つた。忍海漢人、若干能く兵器を作りし故を以つて、刀劍を作らしめ給ふた、之れ即ち漢國刀鍊法の最初である。

御製に

「馬ならば日向の駒太刀ならば吳の眞身」

とあり、外國產の太刀を以つて上等とされた。聖德太子の佩用し給ひし「七星劍」は舶來ものであつた。

第三篇　中　古

（奈良時代——平安時代）

第一章　隋唐模倣時代

神代、上代を通じ、肇國の大精神に基く、日本民族の劍道は、雄々しく閃々として發達し來つたが、玆に端なくも一大變化を見るべき非運に立ち至つた。

それは大化の改新後、隋唐の文化が、滔々と我が國に襲來したる爲である。旣に神代、素盞嗚尊は、朝鮮と交通し給ひしを初め、上代、支那朝鮮と頻繁に交流はあつたが、一時に多量に大陸文化が我が國に輸入されしは、此の期が最初である。大寶令の制度其ものが隋唐の模倣であり、百般の事物悉く彼れに範を取つた。中にも軍國制の如きは其の大なるもので、兵武所等の如く一つの形式の中に、古來の武道が捕はれてしまつたのである。

そもそも支那の劍技は、單に身を守り、人を斬る技術に過ぎない。我が國の劍道の如く天理に叶ひ、神意を體したるものとは、根本に於て異るものである。然れども、兵制、武技の制度と言ふが如き、形式的、組織的方面に於ては、遙かに我國に優るものがあつた。又武器の如きも弩の如きもの、或は矛、劍も一見立派であり、凡てがめづらしく、優れてゐるやうに思はれたのであつた。

天武天皇の朝には、特に兵馬の奬勵をなし給ひ、文武官とも、騎兵、歩卒として、國家の大事に當らしめ、武器は官庫に管理し親王大臣と雖、私有を禁じ給ふた。

又、諸國の壯丁四分の一を兵として、武事を訓練せしめ給ひ、軍防令を布き給ふた、之れ徵兵制の始めである。

此の頃である、高田石成は、弓術、劍術、槍術（之れを三兵と言ふ）に熟達せりとて、賞揚し給ひ、天下の師表とされた。又、博士と稱するもの、支那風の武事を習ひ、其の陣法を諸國に巡教した。

又地方の衞士にして、京師に勤番するものは、一日宮城に奉仕し、一日は衞府に下りて、弓馬、刀法、槍術、弩石等を錬成せりと言ふ。之れ等の武術は、悉く唐法を學び、唐法に從ひ、我が國古來の劍道は、全く支那劍技の爲に掩ひ盡されてしまつたのであつた。

それは恰も、明治維新後、洪水の如く押し寄せし、歐米文化に心醉し、上下擧つて、滔々之れに奔命し、我が國肇國の生命たる、大和魂を奪はれ、一も舶來(はくらい)、二も舶來(はくらい)と、醉ひ狂ひしと同じやうな狀態であつた。

制度は整ひ、形式は完備され、文化は向上しても、其の根源を爲す、民族精神を奪はれては何んにもならない。所謂龍を畫いて、睛(め)を點(い)れないと同じ事である。如何なる美畫も、魂が生きてゐなくては、繪にはならないのである。

即ちこの期の武道界は、武技は盛んであつたが、龍に睛(め)がなかつた。睛のない龍、或は半ば睛を開いた龍が躍つてゐたやうなものであつた。

然し明治維新後、歐米文化に醉ひし日本國民も、遂には其の長所を吸收し之れを利用せしと同樣、我が日本民族は、建國の根本精神を失はず、神武大帝の御度量に倣ひ、彼れの長所を攝り入る一時的現象であつた。

(因に大寶元年、律令の軍制、徵兵制を布き、京都に五衞府、地方諸國に軍國、衞士、防人等を定め、造兵司の職制を布き、種々兵器を造らしむ。軍防令に「兵士一人每に、太刀一振、刀子一口を自ら備へしむ」とある。又庶人にて兵に召されし者は、特に常に刀劍の佩用を許され、後世武人の始祖をなした。)

第二章　地方武士勃興

隋唐模倣時代は、永くは續かなかつた。神代の太古より脈々と流るゝ、日本民族の血潮は、遂に隋唐の長所を攝り、短を捨て、恰も長夢より醒めしが如く、日本武道の大精神に立ち歸つた。

即ち大陸思想の悪潮は、遂に大寶令兵制の弛廢と共に、人心を遊惰悪化せしめ、地方に不逞の徒叛亂し、賊徒の横行日に盛んとなつた。然るに政府は之れを治安鎭定するの實力なく、地方豪族の助力に依らざれば、如何ともする事が出來なかつた。茲に於て政府は止むなく地方武士を重用し、其の力をたのんだ。

即ち平安朝の初め、皇族賜姓、相次いで行はれ、皇子、皇孫の方々、姓を賜り或は朝官に列し、或は大臣、納言となつたが、藤原氏の勢ひ盛んなるに及んで、これ等の諸氏をも排斥壓迫したので、京都に於て志を得ざるものは、多くは地方に流れ國司となつた。國司は其の職を利用して莊園を有するに至り、其の大なる莊園を有するものを、大名といひ、小なるものを小名と言つた。

之れ等の、大名、小名は、元より高貴の出所なれば、地方人民の尊敬を受くる事厚く、其の門下に來り屬するもの日日に多きを爲すに至つた。當時、地方の兵備殆んど廢れ、警察力、全く行き屆かざりし爲、大名、小名は、自衞上子弟僕隷を養成して、私兵となし、之れを家子、郎黨と稱した。而して之れ等に武道を奬勵し、互に雌雄を爭はしめし爲　武法は急速に發達し之れ等、家子、郎黨に依る武人は、兵制の弛廢に乘じ、非常なる勢ひを以つて、其の勢力を占むるに至つたのである。

地方武士の勢力偉大なるに及ぶや、藤原氏の攝政、關白は、これ等の武人を巧みに爪牙となし、之れを歡迎して或は京師の鎭衞に備へ、或は地方に騷亂あれば、これ等の武人を發して、平定せしめたのである。

久しく文治に馴れ、文弱に流れし人心は、俄然として、大和民族の血潮に目覺め、大陸地方の文化に依る中毒を、一掃すべく、奮い立つもの續出するに至つた。其の內、最も後世に名を成すに至つたものが、即ち桓武平家と、淸和源氏である。

其の後天慶の亂を初めとし、前九年、後三年の戰となり、更に保元平治の亂等、戰亂相次ぎ其の實戰の必要上、劍法は益々研磨され、之れに刺戟されて、全國武道熱は、いやが上にも興隆したのであつた。

勿論當代の戰亂は、弓矢が第一線であつたが、戰ひの最後は、劍に依つて勝負を決せねばならぬは、古代も現代も些の變りはない。從つて、劍道と弓道とは、共に相俟つて、當代武法の大を爲したのである。

（備考）本期に二つの大きな、大陸的影響があつた事を特記せねばならぬ。其の一つは、奈良時代、吉備眞備が唐より、孫呉の兵法を傳へ、攻軍、陣地の研究盛んとなり、弓、馬、槍、劍の道は、恐く用兵の具とし、其の一部門中に編入された事である。

更に一つは、支那古代の武法兵法學と稱するもの（應神天皇の時代、王仁が輸入せりとも傳ふ）が尊重され、代々の聖上之れを修し給ひ、宇多天皇の時代、菅原道眞、之れに和解を加へ公卿を初め、上流一般、平生の心要となし、源義經の時、武家の手に渡り、武將の修養となした。

之れが內容は、確然としないが、主客相對して爲す、作法の如きもので、後世の「型」の類とも見るべく、內實に力ある武道的要素が多かつた事は申すまでもなき事である。

第三章　反刀時代

神代を屈刀時代、上代を直刀時代と稱し、當代を反刀時代と稱する事が出來る。即ち上古より直刀を愛撫したる、我が武人は、一時隋唐の文化を受け、文弱に流れしも、地方武士の勃興により俄然、實戰的必要に迫られ、武具は必然的に改良さるゝに至つた。

即ち直刀は、先きの方で斬れば、手に響きが多く且よく斬れない。實戰に於ては、元斬りよりも、先斬りが有利である。從つて直刀より更に反刀を考案したのである。反刀は、手持も輕く双手遣ひにも、馬上雙手打にも、便利であり有効である。

玆に於て、平造りの直刀、又は高麗直刀の、兩刀を折衷し、鎬を平の中程よりみねの方によせ、腰を强くし、先で斬つて、切味よき日本反刀の發明となつたのである。

即ち、久しく太平に馴れ、武備弛廢其の極に達せし爲、幾百年來、劍道は廢れ、刀劍も銹び刀身の利鈍の如きは、當時の人心に顧られなかつたのであつたが、地方武士の勃興に依り、其の實戰等の經驗より、支那模倣の劍法を脫落し、日本固有の特色を發揮し、遂には　直刀を反刀に改良せしむるに至つたのである。之れ即ち今日の、日本刀の始祖である。

反刀

長刀

第四章　長刀と打刀

刀に反りを發明し、更に其れに長柄をつけたのが「長刀」といふ。薙ぎ倒したり、突いたりするに有利である。一つに薙刀とも書いた。從來の鉾槍は、突きを主とし、拂倒しを從とせる程度で、不便であつたが、反刀の發明に次いで、「長刀」の發見となつたのである。

之の「長刀」も實戰に徴して、發明されたもので、天慶の亂には、多數之れが使用され、源平時代には、最も盛んに用ひられた。特に比叡山の延暦寺、三井寺の園城寺、奈良の興福寺等の僧兵は、皆、好んでこの「長刀」を用ひたのであつた。

而して之の時代に「打刀」といふものが現出した。「打刀」とは、鍔をはめた「長刀」で一名「鍔刀」とも言つた。其の柄の長短は、所持者の力量に比例したものであつた。「打刀」は腰に帯びず下緒にて太刀の帯取の如くし、鎧の上より、みねを上に帯した。或は上位の者は、之を従侍に持たしめたが、軍陣にては、雑兵もこれを帯したのであつた。

第五章　劍法の程度

桓武天皇、今の京都に大内裏を御造營遊ばされ、茲所に御遷都となり平安朝と稱せられた。其の大内裏の大極殿から、西北方に武徳殿を新築遊され、武道を奬勵された。主に騎射と劍法が行はれ、歴代の天皇は、五月五日に其の武法を天覧あらせられた。

これ即ち我國天覧の初めで、今日に至るも五月五日を、男子の節句と稱し、尚武の飾りを施し、武道の長久を祈り、武法の奬勵をなすのである。

本期の劍道は、其の初期は、三段の構へであつたが、源義家が起つて、天下に名を成すに及び、五段の位に改めた。即ち、上段、中段、下段に、更に左、右の二位を加へたもので、大體今日の構へと同一である。

而して其れ以後の文献、平家物語等の記述に依ると、

一、蜻蛉返り

二、水　車

三、十文字

四、蜘蛛手

五、角　繩

等の劍法の手名が見えてゐる。察するに之れ等は、義家の、五位の構へより、變化轉位したるものであるが、今其の中二三に就て、其の手法を述べて見よう。

「蜻蛉返り」は、蜻蛉の如く、前後、左右、上下、進退、不定法に飛遊する法で、相手を眩惑せしめ、隙を取つて斬り込むのである。後には、燕返しとも稱し、各流派に於て此の手を用ひることが多くなつた。

「水車」は、長刀の目拔涯を、二束(にそく)に取り、襷を左右の脇に懸け、振廻す、當る物、必ず破れ

ざるなし、長刀血付て、滴血水車の水の散るに似たり、故に水車手と謂ふと文献に見えてゐる
又或る書には、「亂車」とも書いてゐて、亂車は、片手で太刀をとり、車と言へるは、廻刀にして、亂とは、定まれる所なきを謂ふ、とある。

「十文字」は縱横に斬り結ぶの意味で、後世に於ては更に、一文字、八文字、などゝ稱した。

之れは中條兵庫助の中條流の流れを汲む、二階堂流の極意の太刀の一手である。

蜘蛛手、角繩の外當時の文献の中より、運劍に關する名稱を拾つて見れば、拂切、瓜切、拜切、天狗倒の突切、袈裟懸、雷切、胴切、車切、片手打、撫切、下切、立割、空竹割、梨子割等々である。之れを見ても、當時は如何に刀法が、研磨され應用され、活用されたかを知ることが出來る。

第六章　奈良、平安時代總論

此の期は、初期に於ては大陸文化模倣時代にして、文弱期の出現となり、武道界は全く地に墮ちたが、暫時にして俄然、武人勃興し、武道の再出發となり、飜然として日本精神を取り戻したる時代である。

即ち大化の改新後、支那制度を模倣したるは、彼れの長所を攝つたのであるが、支那と我が國とは、根本的に本質が異つてゐる事に氣づかなかつた。今之れを劍と、劍の道に依つて再檢討する必要がある。

一部の學者の中には、神代を初め上代の日本刀の鍛造は、支那の歸化人が來朝して、傳へしものと說く者がある。之れは大なる誤りである。

由來日本刀は、最初より精錬され、鍛冶されて造られたものであるに引き換へ、支那の刀劍は、型に嵌めて鑄造したるものである。之れは幾多支那の文献に徴すれば明かである。

鑛物より、粒々辛苦して、魂精を打ち込んで鍛へし刀劍と、何本でも同じやうに出來る鑄型に嵌めて造つた劍とは、其の形態、外飾等に於ては、或は鑄型の方優れる點あるも、其の劍の本質として、雲泥の差あるは前にも述べた通りである。

一方は、生命を本質とし、一方は形を本體とした。之れは刀劍そのもの許りでなく、支那文化全體に推論し得る所にして、大寶令の制度が、幾何もなく崩壞し、却つて弊害を生じ、遂に其の反動時代の、出現を見たる事實に徴しても明かである。

尙更に之れを劍技に見んか、我が劍道は常に眞劍勝負にして、命懸けであり、率直である。

然るに支那の劍技は、形式や懸引きが多く、眞劍味が乏しい、支那戰國時代、莊子が、趙の大宗に、劍の道を說いた中に、

「之に示すに虛を以てし、之を開くに利を以てし。之に後れて發し、之に先立ちて至る」

と述べてゐる、何ぞ其の冗々しき。而して技は片手斬りが主で、根本的に劍の心が異つてゐる。斯る唐式劍法模倣時代を過ぎ、其の長所をも內在しつゝ、日本武道が再出發したるは、特記すべき劍道史實である。

註一　大化の改新及び大寶令と刀劍

大化の改新は、刀劍界に一大革命を與へた。一時唐朝模倣時代の爲、支那銅劍が流行したが實質實力が伴はず、歸化刀工韓鍛部も滅亡し、反對に輸出された日本刀は、超然として聲價あり、唐宋詩人をして、日本刀歌を詠ぜしむるに至つた。

而して從來刀工は官吏であり、技術も亦官務であつたが大化の改新となるや、一擧之れを民間より採用した。即ち政府は八省中に兵部省を置き、其の下に造兵司を隷屬せしめ、刀劍及び儀仗等の製造を司らしめた、玆に於て、技術の優秀なるものは、造兵司の官吏となり、然らざ

るものは、父祖の業を繼いで一家を構へ、朝野二派に別れ、各々競走の焰を散らして技能を磨いた。

續いて文武天皇大寶元年に、造兵司の官制を改め、刀劍類の鍛造は、民事の工に一任した。而して近畿に鍛戶二百七十戶を定め、一戶每に一丁を役して、刀劍、矛、鏃の類を鍛造せしめた。從つて刀劍取締りの必要を生じ、朝廷は市中に賣買する刀槍の類に、作者の名を刻せしめた。之れ卽ち刀槍に在銘を見たる初めである。

尙此の頃、常陸國司采女(うねめ)朝臣、佐備大麿は命を拜し、若松濱の鐵砂を採掘し、劍を作つたが甚だ銳利であつた、之れ鐵砂にて劍を作りし始めである。

註二　在銘天國其の他の名工

大寶令の結果、在銘の天國が現れた。世に之の天國を初代とする人もあるが、それは誤りである。天國は前節に記述したる如く、上古時代が初代である。

次で名工天座が出た、天國の門葉であるが、在銘初代天國の弟子であるか、それ以前の天國の弟子であるか判明しない。其の他、神來、實次、友光、勝一、忠香、天行、藤戶、天藤等の名工が續々現出した。

當時、帝都（大和）を中心に之れ等の名工が集つたが、地方には、常陸國に佐備の大麿、陸奥舞草には、安麿、元壽、攝津の幡山、遠江の文安、豐後の神息、寶憧、山城の盛國、伯耆の武保、安忠、備後の正家等が、各地方に散在して、一門一派の元祖をなした。惜しい哉、之れ等の名工は名のみにて、作品の傳はるものが皆無である。

續いて大同年間には、伯耆に名工、安綱が現れ、其の子、眞守よく父に劣らず、斯界に斷然覇をなした。安綱は奇才の俊工で、從來直刀であつたが、反りを加へ、姿極めて崇高、且つ亂れ刄で、莊重華麗を添へた。この反りと亂れ刄とは、安綱の發明だと稱されてゐる。

反刀は、直刀より實戰に利ある事は、本文記述の通りであるが、時代に應じ、反刀を發明したる安綱の功績は、蓋し偉大なるものである。

爾來名刀工相次いで出たが、刀劍に反りあるが、普通となつても、亂れ刄は容易に見る事が出來なかつた。之れ亂れ刄が當時、如何に至難であつたかを想像することが出來る。

永延前後は、我が國刀劍史上、特筆大書すべき全盛期である。大和の國定、重弘、守徑、信平、備前の信房等が有名で、信房は、古信房と稱され、歴代の天皇が、皇太子に讓り給ふ壺切の御劍を鍛作したるを以つて有名である。此の外大和の國分寺、河内の有成、陸奥の舞草に、安光、光長、基高、基光等がある。

永延年間に入りては、山城の三條小鍛冶宗近、有成、爲吉、宗安（之を永延の四鍛冶と稱す）宗近の子吉家、備前には、助平、包平、高平（之を三平と稱す）あり、友成、正恒、實成、助包、守恒、義憲、安則、安次等名工の聞え高く、伯耆の包次、播磨の近包、大和の安則、河内の兼平、陸奥の世安、諷剌、丸房、豐後の長圓、備中の爲信、薩摩の正國等一世に聞えてゐる。之れ等の一門一派は、各々各地に繁榮し、盛んに鍛工したので、刀劍界は空前の盛大を見るに至つた。

永延の盛大に次いで、更に一層の全盛を極めたのは、元暦時代、即ち源平爭鬪の眞最中である。勿論時代の要求もあつたが、鍛工術が、偶々成熟したる時代とも言へやう。山城の五條兼家、國永、大和の千手院行信、重弘、備前には介成、助秀、助延、延恒、定則、眞則、眞忠、信房、則宗、助行、助房等があり、備中には、安次、守次、豐後には僧定秀、紀新太夫等があつた。就中備前の則宗は、福岡一文字の元祖となり、備中の安次は、青江派の元祖となり、貞次恒次の名匠を出した。

備前の福岡一文字は、別れて吉岡一文字、備中に移つて片山一文字の祖となつた。

第四篇　近　古（一）

（鎌倉時代――吉野時代）

第一章　武士の發生

平安朝後期は、平家が滅亡し、源氏が之に代つて、天下を取つた。之れは平家が、京都の柔弱なる公卿を見習つて、武人の生命たる劍の道を忘れ、尙武の氣風を失つた爲である。

源氏は、東國にあつて、臥龍久しく、遂に鎌倉に幕府を開いた。賴朝は、平氏が軟弱に陷りて亡びたるに鑑み、第一尙武の氣風を昂揚し、大に武事を奬勵し、强く奢侈の風を戒しめた。之れが如何に根强かつたかは、北條氏の執權となつても、泰時、時賴の如く、賴朝の遺風を慕ひ、自ら範を以つて、士風を立て、劍の道を勵んだのでも知る事が出來る。當時の武人は好んで武法を錬磨し、質素儉約を旨とし、責任を重んじ、恩義を忘れず、淸廉を守つた。殊に主從の關係に至つては身を忘れ、家を忘れ、君命の絕對を嚴守し、而かも之れを無上の光榮とした

のであつた。故に源氏の基礎は、此の尙武の氣象の上に立てられ、頗る磐石たるものであつた。當時の言葉に

「東八ヶ國の勢を以つて、日本全國の勢に對し、鎌倉中の勢を以つて、東八ヶ國の勢に對す」と言つた。如何に鎌倉武士の士氣が、鋭かつたかゞ伺はれる。

鎌倉時代の戰法は、平安朝と大差なく堅牢なる甲冑をまとひ、騎馬戰が主であつた。從つて弓馬を初め、薙刀、太刀の操法は、先づ以つて必要であつた、當時の太刀は四尺乃至五尺の長大なものが用ひられ、從つて刀劍も長いものが流行した。

而して鎌倉時代に、特に大書すべきは、武道の發達と共に、武士道の發生である。前述の如く平家の慘澹たる滅亡を眼前にしたる、鎌倉幕府は、極度に武道を奬勵したると共に、自尊と廉恥、潔白を昂揚した。玆所に初めて武士道の萠芽を見たのである。其の一例を擧ぐれば、畠山重忠である、彼れは武士の典型であり、武士道の模範であつだ。重忠は伊勢大神宮御領の御厨の地頭であつたが、代官を以つて事務を扱はしめてゐた。偶々代官の怠慢に依り累を重忠に及ぼした。重忠は直ちに責を負つて退き、武藏の本城に引籠り、一意、謹愼の意を表してゐた所が幕政、梶原景時、之れを以つて、重忠謀反の意志ありと、賴朝に讒訴した。重忠は之れを

傳へ聞き落涙數行直ちに切腹せんとした。が使者下河邊行平に諫止され、鎌倉に出でゝ己が清廉を申し開いた。

臨席の梶原景時は、然らば起請文を認められよと乞ふた。重忠大に怒り

「起請文などは、眞の武士には入らざる沙汰、妄奸の輩にこそ必要なれ」

と一蹴した。

第二章　禪劍一致と劍道の發達

又、鎌倉時代は、禪道の隆昌なる時代であつた。鎌倉武士が、如何に禪道に修錬されしかは茲に呶々を要せず、後に北條時宗が、元寇を一喝せしが如きは、禪の賜であり、禪劍一致の力である。

斯く鎌倉時代は、武士道の發生を見、更に武道と禪道とが、渾然一體となりて、大乘的なる武士道を成し、肇國以來嘗て見ざる我が國の武道に一大精彩を加へたのであつた。

斯る士氣高踏時代に於て、いかで武士道の本體たる劍道の發達を見ざるべき。鎌倉の執權、北條貞時の時代、檢非違使、中條出羽守判官賴平(よりひら)、殊に劍法に達し、其の名天下に響き其の門

に來り學ぶもの數多く、子孫其の法を繼いで大に榮えた。之れ即ち有名なる「中條流」の始祖である。

又其の門下、常陸國小田城主、小田讃岐守孝朝は、同國芦男山の日神に祈願し、遂に一派を立て「小田流」と稱した。

「中條流」は四代目、兵庫頭長秀、足利義滿の師範となり、中興の祖と稱せられたが、其の後「富田流」「一刀流」の分流を生み、次第に隆盛を見て今日に及んでゐる。（中條流參照）

第三章　京八流と關東七流

而して茲に見逃すべからざるは、源義經の神技に達せし、武法の流れを汲んだ一派がある。義經は賴朝の疑惑を買つて、陸奥に流れ、慘たる最後を遂げたが、鞍馬山にて鍛へし、武法は埋るべくもなく、其の遺鍊を受け其の流れを汲んだ達人が八人あつた、之れ等は京に於て武道の途を繼承し、よく世に弘めた。之れを京八流、又は鞍馬八流と稱した。

一方、上代に緒を發した、鹿島の太刀は、上古流、中古流の新舊二派に分れ、盛んに劍法を競ひ、武道の向上に資したが、其の中、達人が七名あつた。世に之れを關東七流と稱し、京八

流と對稱したのであつた。（其節參照）

第四章　鎌倉時代總論

鎌倉時代は

「劍が人を作つた時代」

である。即ち鎌倉時代に於ける武道の發達は、鎌倉幕府の政策と相俟つて、我が國最初の「武士道」を生み、更に禪道の鍊成を加へて、大乘的日本武道を生んだ。

上古より平安朝に至る劍道史は、劍法の發達と、劍道の進歩を主として論述せねばならなかつた。勿論其の根源には、肇國以來脈々たる日本精神の横溢せるや必然である。然れども劍道史は、國體精神を主流として、讀者の識らんと欲する、時代の變遷と劍法其のものを記述せねばならぬ。

然るに鎌倉時代に於ては、劍法の發達、劍道の進歩を記述すると共に

「武士道の創生」と

「禪劍一致」

を先づ以つて記述せねばならない。

之れが本期の最大特徴であり、本期に於ける最大なる誇りである。然るに惜しい哉之れが完成を見るに至らずして、間もなく武士道は廢れ、禪劍一致の大乘精神すら動搖するに至りしは寔に遺憾の極みであつた。然れども後世、江戸時代に至りて、武士道は完成され、禪劍一致の大乘精神は、綿々今日迄、大和民族の大なる誇として、大東亞に波打つを知る時、鎌倉時代に於ける劍道史は、最も意義あるものとして、深く檢討すべきである。

尤も鎌倉時代の武士道は、突如として起つたものではない、源氏の祖、八幡太郎義家十七歳にして驍勇、父賴義に從つて平貞任を討ちし際、賴義の從兵六騎よく勇戰、主從の恩誼に報ひし史實あり、又義家、數萬騎を率ゐて、金澤柵を攻めし際、鎌倉權五郎景政、敵の矢に眼を射られ、其の矢を折り、己れを射たる敵を追駈け射殺して後倒れた、之れを見た身方の三浦孝繼土足を景政の面にかけ矢を拔かんとしたが、景政激怒し「刄にかゝつて死すは武士の本望なるが、生きて土足にかけらるゝは恥辱なり、殘念ながら汝を敵として斬殺し、吾れも死なん」と言ひし如き、旣に武士道の崩芽は此の時代より發生してゐた。

註一　刀工全盛時代

鎌倉時代は、武士道發生時代として、大和民族が特記せねばならぬは、前述の通りであるが同時に今期は、日本刀工全盛時代でもあつた。

後鳥羽天皇は、親しく源平の爭鬪を御覽遊され、且つ賴朝が幕府を鎌倉に開いた當時ではあり、國内の狀勢も士氣滿々であつたが、御性深く刀劍を愛し給ひ、時の名工十二名を選んで、禁裡に鍛工せしめられ、御自らも鐵槌を揮ひ給ふた程であつた。

其の撰に當つた者は、山城國、粟田口久國、備前國信房、この二人を師範鍛冶とし、山城より粟田口國安、國友、備前より、則宗、延房、宗吉、助宗、助成、助延、備中より、貞次、恒次、次家、播磨より、行國、以上十二名で、月々御番を勤めた。世に之れを承元の御番鍛冶と稱へた。

後ち間もなく御番鍛冶は二十四名となつた。前の御師範鍛冶、久國、信房は奉行となり、更に、備前より、包道、師實、長助、延房、包近、眞房、則次、吉房、朝助、章實、包末、包助、是助、信房、實經、行國、則宗の十七名、備中より則眞、大和より重弘、美作より實經、朝忠、豐後より行平、伯耆より宗隆、粟田口國友の七名、併せて二十四名であるが、則宗、國友の二人は重選された。

更に、粟田口に右馬允則國、粟田口權守景國、粟田口藤六左近將監國綱、備前福岡一文字の刑部允宗吉、中原權守延正、修理亮助則は隱岐の御番鍛冶と稱し、承久の亂後、後鳥羽上皇、隱岐國に左遷され給ひし時、北條時賴が名工六名を選び、奉仕させたのであつた。

この刀工全盛時代に次ぎ、鎌倉末期、吉野時代までも亦、名工が簇出した。備前を初め、山城では、粟田口一門、國吉、國光、吉光等、之れに對し來一門、國行、國俊、國光、光包、大和では、當麻一門、國行、俊行、友淸、手搔（てがい）一門の包永、包淸、包次、又保昌の一門、國光、貞宗、貞吉、尻懸（しつかけ）一門等何れも名聲嘖々たるもので、中にも粟田口吉光は三本三作の筆頭であつた。

備前は本場だけに、巨匠名工簇出し、福岡一文字一門の、助則、國眞、助久、助村、助延。吉房、吉包、吉用、吉元、吉平、助包等あり、正中一文字の吉氏、福岡一文字の分派畠田一門には、守家、家助、眞守、守重、守長あり、長船派、直宗派、鵜飼派、大宮物、國分寺物等あつた。

備前に對し備中には、青江の一門、包次、助次、吉次、次吉、成次、親次、則次、眞次、恒次、貞次、守次、片山一文字の一門、則房、眞利あり、備後には、三原の正家一門、周防には二王淸綱、九州には筑前の良西、西蓮、入西、實河、豐前の正恒、肥後の延壽の國村、國吉、國時、薩摩の波平行安、安行等があつた。

△相州物と五郎正宗△

斯く西國各地に、巨匠名工簇出したるに、幕府の御膝元たる鎌倉に名工少かりしは、不思議であつた。賴家の末年、粟田口國綱に次いで、備前三郎國宗、一文字助眞等、鎌倉に來り、相州物の魁をなした。國宗、國綱の門葉から名工新藤吾國光、國廣、大進房祐慶、藤三郎行光等出で、助眞は鎌倉一文字の一派を立てた。而して鎌倉幕府末期たる建武に至り、一世を風靡したる五郎入道正宗が現出した。正宗は、新藤吾國光の門下で、幼より天才あり、長じて其の極意を得、後諸國を巡歷し各派の流を探り、長を究め別に一派を立て、相州傳の始祖となつた。諸國より名工來り學び、中にも、越中の鄕義弘、則重、山城の來國次、長谷部國重、美濃の志津三郎兼氏、金重、石州の直綱、備前の兼光、長義、筑前の左、世に之れを十哲と稱した。殊に義弘は師に優る偉材なりしが、年僅か二十七歲にして死去した。前述粟田口吉光、正宗、義弘を日本三作と稱した。

正宗の養子、貞宗も亦聲價あり其の門に、山城の初代信國、但馬の法城寺國光、備前元重あり、之れを貞宗三哲と言つた。他に、秋廣、廣光等、相州傳の名工であつた。

註二　古刀期と劍道

古刀期は、平安朝中期より、慶長年間に至る、約七百年を擧げてゐる。古刀作者の數を、時代別にし、其の時代に於ける刀劍の需要より、劍道の發達興隆の參考とすれば、

平安後期	三百年間	四百五十人
鎌倉時代	百五十年間	千五百五十人
吉野朝並に室町時代	三百五十年間	三千五百五十人

と、なる。之れを五十年毎に、區分すれば、平安朝は、毎期七十五人、鎌倉時代には一躍五百十七人、吉野朝以後には、更に七百十一人宛の作者を出し、劍の需要は、必然的に劍道の興隆を、意味するのである。

註三　鎌倉時代の文献

鎌倉時代の武法は相當に發達し、武藝者も續出した。

太平記に曰く、「山名ヵ郎等、因幡ノ住人、福岡三郎トテ、世ニ名ヲ知ラレタル大力ノ有ケルガ、七尺二寸ノ大刀タヒラ廣ニ作リタルヲ、鐔本三尺許置テ、蛤刄ニ撥合セ、伏繩目ノ鎧ニ、三鍬形打タル兜ヲ緒頸ニ著ナシ、小跳シテ片手打ノ拂切ニ切テ上リケルニ、太刀ノ刄ニアタル敵ハ、胴中諸膝カケス、切テ落サレ太刀ノミネニアタル兵ハ、或ハ中ニワレト打上ラレ、或ハ尻居ニトウト打倒サレテ、血ヲ吐テコソ死ケレ」

とある。之れに依つて見れば、長太刀を揮ふ劍法の妙境、言外に溢れるを知る事が出來る。

同じく

太平記に

「海東ヵ郎等是ヲ見テ、二人ノ主ヲ目ノ前ニ討セ給、剩ヘ首ヲ敵ニ取セテ、生テ歸ルモノヤ可有トテ、三十六騎ノ者共、轡ヲ雙テカケ入、主ノ死骸ヲ枕ニシテ、討死セント相爭、快實是ヲ見テ、カラカラト打笑テ、心得ヌ物哉、御邊達ハ敵ノ首ヲコソ取ラントスルニ、御方ノ首ヲホシガルハ、武家自滅ノ瑞相顯レタリ、ホシカラバ、スヘ取セント云儘ニ、持タル海東ガ首ヲ敵ノ中ヘ、カハト投掛、坂本樣ノ拜切、八方ヲ拂テ火ヲ散ラス、三十六騎ノ者トモ、快實一人ニ切立テラレテ、馬ノ足ヲソ立カネケル」

等の記事がある。之等は、劍法の外に大和民族の武道精神が、如實に躍動するを窺知する事が出來る。

第五篇　近　古（二）

（室　町　時　代）

第一章　兵法と武器

本期は時代の進展と共に、武法兵法愈々複雜となり、從つて個々の武法を單獨化して、論ずる能はざる時代となつた。即ち本期は、實戰益々酣となり、實戰に有利なる兵法を基礎として、之れに即應すべく武法を運行せねばならなくなつたからである。

本期以前の實戰に於ては、弓矢の戰鬪を主とし、勝負も略、之れに依つて決する事が多かつた。然るに吉野朝以降、戰國時代に至つては、弓矢戰の外、白兵接戰多く、戰ひは殺伐となり凄慘となつた。のみならず、其の後期に於ては戰亂に次ぐに戰亂を以てし、天下騷然として人心不安に陷り、武人の外、僧侶、町人、百姓に至るまで、帶劍をなし武法を錬磨し、自衛の具となすに至つたのである。

而して、白兵接戰には、刀槍を必要とし組討を必然とした。故に本期に於ける劍の道は、單に劍法のみならず、刀槍と、組討とを兼ねて錬磨せねばならなかつた。單に劍法に達せしのみにては、よく敵を仕とむる事が出來なかつたからである。

而して本期は特に其の末期に於て、長槍時代となり（信長の創製）天文年間には鐵砲傳來し、戰鬪術に大變化を來した。即ち第一線には、銃、弓隊を以つてし、第二線に長槍隊、第三線に短槍隊、而して其れに次いで劍、組打となつたのである。

斯くの如く、時代の變遷に從つて武道も亦之れに適應すべく發達した。即ち、新戰術として銃及び、長槍が採用さるるや、弓術の力は俄に半減され、銃器の裝藥時間を補ふに役立つ有樣となつた。又、刀、槍、組討の必要急迫すると共に、戰場の擴大に伴ひ、夥しき兵員の必要となり、從來の士分の外、農、商の平民より、新たに從軍兵を募集した。之れを足輕と稱し、武法の一端を修得せしめ、多くは、第一線の鐵砲隊及び長槍隊に編入した。

而して其の成績よき者は、士分に取り立てたので、士氣旺盛なる時代熱に乘じ、吾れも吾れもと、武道を修錬し一種の流行の如き感を呈するに至り、武道界は空前の隆盛と、發達を見るに至つたのである。

第二章　劍法と試合

本朝に於ける劍道の修行は、主に木刀を用ひ、袋竹刀、眞劍の刄引等を用ひた。試合にも、木刀、撓、眞劍の刄引等を用ひ、時々生命をも失ふ事が多かつた。當時は、所謂群雄割據時代で、朝廷の式微、將軍の威信、全く地に墜ち、國內騷然として統一なき爲、武法の優劣にのみによつて、立身出世が出來た。故に武士は競ふて、武法を練磨し、兵術を考案し、之れに依つて祿を食んだのである。

一方群雄も亦斯る人材を攝取するに腐心したので、中には自國にて志を得ず、或は武者修行と稱し、諸國を歷遊し、巧みに武法を以つて、新たに主君を見出す等の流行を見るに至つた。

この武者修行は、修行者は先づ其の土地で名高き、劍法の道場に至り、お手合を乞ふのである。手合は、道場の門下より初まるのが通常で、最後に道場主自ら立合ひ、道場主に打ち勝てば、所謂「道場破り」となる。道場を破られては大變であるから、是等の試合は、相當凄慘を極めたるは當然であつた。修行者には、伊藤一刀齋、宮本武藏、塚原卜傳、上泉伊勢守等有名で、何れも修行の傍ら、自己の流儀を弘めんとしたるもの、又山本勘助の如く、修行しつゝ仕

官を求むる等、種々あつたが、中には仇討、間者、渡り奉公なぞもあつた。（武者修行の項參照）

第三章　本期の實戰

凡そ實戰に於ける場合は、甲冑と、素肌との兩樣がある。素肌に對しては、隙のある處は、何處でも斬れるが、甲冑に對しては、甲冑の明き處を狙ふが有效であるは勿論である。即ち、內冑、咽喉、脇坪、腰等が主で、其の他僅かな間隙をも狙ふ。餘程腕前が違つたものでないと、間隙處以外では、深手を負はせる事が出來ないから、實際の標準は必ず間隙を狙ふべきである。

次に實戰に於ては、斬るよりは突きに利がある。即ち寸分先きを爭ふのであるから、突きの方が早いわけである。突きは必ずしも間隙には限らず、其の人の力量と、兵器の利鈍と、敵の甲冑の强弱によつて、一概に論ずる事は出來ない。之れなれば突いても効ありと見れば、何處を突いてもよいわけである。

從つて槍は本期に於て、急速なる發展を見た。實戰に於て有名なる彼の元寇の亂に於て、敵の大艦に對し、槍が極めて有効であつたから、之れが起因となり、漸次槍が流行し、本後期に於ては、槍が戰場第一の武器となつた。本期に於ける、菊池千本槍は最も有名である。槍の有効なるは、突きにあり、從つて槍の流行につれ、刀劍も突き易きやう改良され、從來より反りを少くした。即ち今日で言ふ所の「新刀型」が生じたのである。（新刀型參照）

次いで、本後期、種ケ島、即ち鐵砲が流行し初めた、鐵砲丸は、如何に堅牢なる甲冑をも通すので、何うせ丸が貫通するなれば、働きよき手輕な具足がよいと言ふ事になり、爾來甲冑は極めて輕裝となり、從つて刀槍の法も、素肌に對するものに近いものとなつた。

組討は、柔術を加味したもので、組敷いて小刀で止めを刺すのである。天文元年、美作國住人、竹內中務太夫が、腰廻り捕縛といふ一流を案出し、大に世に迎へられた。組討は各流とも之れを用ひ、中には空手術を應用して、刀槍に對し之れを取上げる擧に出た。之れを「無刀取り」と言つて、當時は盛んに行はれ、其の法も大に發達したのであつた。

因に空手術とは、支那の武技で、全然武器を用ひず、敵對する術である。

第四章　秘事傳授

劍道に於ける傳授は、上代は勿論爭ろ神代より有りしと見るべく、則ち師ありて、之れに習はんとする者あらば、何等かの方法を以つて、之れに授けざるべからず、神代既に、劍法ありし我が國に於ては、神代既に傳授ありしが當然にて、上代既に、劍流あり子に孫に之れを傳へし事實あり、平安朝に入りては、鎭西八郎爲朝が、肥後國の住人、追手次郞敎高に其の秘傳を受け、又源義經は、牛若丸の幼時、鞍馬山に於て、源系の達人（世俗に天狗と言ふ）に劍道の奧義を授かりしは、世人周知の事實である。

而して之れが、師授鍊成の愈々盛んとなりしは、本期中頃より以降である。

今其の傳授の方法を見んに、當時は現今の如く、劍法、柔術、槍術、居合等を別々に分離して敎授せしに非ず、劍法と槍術は勿論、居合、柔術等も、同じ師匠に依りて敎授されしもの多く、唯其の中、劍法を主とするか、或は槍術を主とするか、又は柔術居合等を、主とするかの別あるのみであつた。

次で本期に於ては、劍道に弓術、砲術等をも共に傳授し、而かも之れを秘事記錄となす事が流行するに至つた。

凡そ武道の傳授は、本期以前迄は、秘事口傳となし、目錄等の傳書を用ひざりしもの丶如く當時の「武備志」其の他の文献によれば、本期に於て初めて目錄、免許等の行はれし事を知ることが出來る。

當時の文献を綜合するに、劍道と柔道とは、多く併せて修錬され、武藏流劍道にも之れに附隨したる柔道あり、新陰流柔道は、最初劍と柔道と併せて修錬したるを、後柔道を分離したるものである。

試みに柔道の方面より之れを見んか、當時有名なる澁川流柔道の如きは、居合、劍法、槍術を併せ敎授し、次の如き興味ある文献を殘してゐる。

「都て禽獸魚虫の類は、生來具足する處の、爪牙角刺ありて讐を防ぎ、害を避くるものなり、人は彼等が如き爪もなく牙もなく角もなく刺もなきものなり、故に先づ手近の內には、太刀、刀の備あり、今少し手遠の場合は、鎗、𨪉、盾、尖刀等の設あり、尙又遠き所は弓銃等を用ふる、更に才智を用ゐて、それぐの器械を製して、それを爪牙に代へて使用し害を除き難を遁る丶ものなり、故に既に氣體の練習修養と丶のふたる上は、先づ差當りて刀、脇指を手に入て、能く我が手先に成様に習さずんばあるべからず、故に居合の稽古あり、其の居合の稽古にて太刀刀の手に入り、能く手先に成たる上又敵に對して勝を制する所の、きざしぐやいを修錬せずんばあるべからず、故に劍術の稽古あり、凡そ居合劍術の習は、假令弓術者にても、馬術者にても砲術者にても軍學者にても、必ず心掛けおくべきことなり、如何となれば鎗、長刀の用ゐられぬ場あり、弓、鐵砲の間に合はぬ時あり」

云々と述べてゐる。

之れは當時武道家の、思慮する處の一端とも見るべきであるが、而かも戰亂酣なる當代の武道精神を穿ち得しものと言ふべきである。（後篇其項參照）

第五章　秘事傳授の方法

劍道を初め其の他の武法は、如何なる方法により傳授したるか。前章に於て述べたる如く神代、上代は、極めて簡易に、見るが儘、爲すが儘に傳習され、平安朝時代に至りて、「秘事口傳」の方法を執りしものと察せらる。即ち技法の奥義は、到底書すべからずとなし、之れが神秘を天狗の敎へなりと稱へたるが如きは、之れを證するに足るものである。

然るに本期に入りて、武法愈々隆昌を極め其の流派も多きを加へたれば、從つて門生も多數を見るに至つたので、遂に之れに書を以てし「目錄相傳」となつたと見るべきである。而して之れが傳授に當つては、被傳授者を嚴選し、其の相傳の式は、師弟共に齋戒沐浴し、神前に於て最も嚴肅に行ひしは勿論である。且傳統系圖を重んじ、目錄の卷末には、必ず其の流派及び師名を記した。

尙、秘事傳授の史實に就きては、次の如き諸說がある。大體之れを三說に區分すれば、一つは、上代既に玆の事あり、日本武尊の三位の構の秘傳、降つて源義家、鎭西八郞爲朝等が、劍意の傳授を受け、大に劍法を修錬せりとなすもの、一つは、源義家、鞍馬寺にある時、怪僧より劍法を學び、傳書を得たりと言ふ文献あり、源氏亡びて平家の時代となり、心ある者源氏の將來に思ひを致し、秘かに劍法を傳へたれば、玆の時代、甫めて劍道の秘事傳道生じたりとなすもの、最後は是等の傳說には、確たる文献なく想察を交へたれば、信ずるに由なく、即ち本期に至り、愛州移香以來確實に、秘事書傳行はれたりと言ふのである。其の何れが眞なるかは俄に判定する能はざるも、以つて參考とすべきである。

因に傳書には、切紙、目錄、免許、皆傳等の外、階級に應じたる修行證書の如きものを用ひてゐた。又實力本位に相傳したるは勿論であるが、裏面には情實、金錢等の爲に、内規の制禁を亂したる例もないではなかつた。（後篇其項參照）

第六章　劍道と神佛

我が國は神國である、肇國の太古より、神の威力現れ、人力以上の靈力を感じ、不可思議の偉力を認めてゐる。故に獨り武道家のみならず、何事に依らず我が力以上の靈力を得んと欲する者は、必ず神佛に祈願し、其の威力を受けんとするや當然である。

之れ古來我が劍道の流祖が、見神悟道、禪劍一致の境地に入りし所以である。即ち愛州移香は、日向國鵜戸權現に參籠し、靈夢に神猿、形を現し、遂に妙法を悟得せしが如き、飯篠長威齋家直は、香取神宮に祈願し、劍法の奧秘を受けしが如き、其の他小田孝朝は、常陸國芦男山に、伊藤一刀齋、齋藤傳鬼坊は、鶴岡八幡宮に參籠し、川崎鑰之助は、上州白雲山、東下野守元治は鹿島香取神社、福井平右衞門は信州飯綱權現に、何れも一身一心を捧げて悟道し、其の妙奧を得て一流の祖となつたのである。

又、一命を賭して戰場を馳驅する武士が、我れ以上の力を恃み、神佛に祈願するは、自然の習ひにして、獨り當時の武士のみならず、現代人に於ても其の心理に變りはない。唯茲に留意すべきは、當時武道大家が、一流一派を創始するに絡みし、奇蹟的傳說には、往々爲にせんとする妄說の多きことも見逃がしてはならない。

享保年間井澤蟠龍子の著、「武士訓」に

一、俗間劍術を以つて、人にてらふものあり、其の劍術の祖何某といふ者、いづかたの神社にまうで、藝をいのるに其の神社あらはれて、つたへ給ふといひ、或は夢想をうけて、覺えたりといひ、禪法をまなんで、劍術を得たりといひ、又はいづくの山にて、天狗にならひたりといふ。是皆大なるいつはりなり。神明は、一明德をさす、心まことなるときは、心裏の神舍、たちまちひらけて、自得するのみ、神明やしろのうちより出でたまふにはあらず、もし形を現し給はゞ、神にはあらずして野狐なるべし。又禪法をまなんで、劍術を得たりといふは非なり、禪學者にも劍術師ありといふべし。又天狗は畜類なり、萬物の靈長たる人儔、何のかけたることとあつて、天狗金花猫などをまなばんや、人より人に傳へたることそ正しき道なれども、それはめづらしげなしとて、かゝることを妄作し、愚昧をたぶらかし、米錢をむさぼる、はかりごとをなす、にくむべきのはなはだしきなり」

云々と述べてゐる。之の見方は確に、當時の半面を論破せしものである。されど前述の如く、武道家が、純眞歸一の大乘的精神を籠めて、神佛に祈願し、靈妙なる心境に達し、而して不可思議なる至妙の敎示を得ることは、當然あり得ることにて、今日の心理學、又は科學に於ても立派に證明し得る處である。

凡そ一つの道の蘊奥に達するには、「武士訓」に言へるが如く、人の力を十二分に發揮し、人より人に傳ふれば正しきやう考へられるが、藝道の極致は、人力を超越したる所に存在するを、考慮に入れておかねばならぬ。唯徒らなる悪質利用を戒しめたのである。

因に劍法の蘊奥を極むるに、原則として神佛に歸依したる證據としては、道場には必ず神を祀り、之れが練習の前後に、必ず跪座して、一禮する規箴あり、又前章に於て述べたる、奥義傳授の形式に於て、眞言秘密のそれと酷似し、禪宗の方式にも相通ずるものあるを發見する事が出來る。

之れ等より察すれば、武道を極むるに當り、本能的に、無形の力を崇尊し之れを悟得せんとしたるものと見るべきが至當であらう。

第七章　劍道の流派

我が國劍道は前節に於て述べたる如く其の起源甚だ古く、既に仁德天皇の頃、常陸國鹿島に、國摩眞人（くになづ）、「神妙劍」と稱する一派を立て、世に之れを「鹿島の太刀」と稱し、代々其の法を傳へたが、之れを宗家として學ぶ者多く、本期に於ては其の一門に、下總國香取郡飯篠村の住人、飯篠山城守家道入道、長威齋と稱するもの、「眞正傳新當流又は神道流」を唱へ、大に斯道の爲貢献する處あり、高名天下に鳴つた。之れを世に我が國劍道中興の祖と稱してゐる。

長威齋より三傳して、神道流を繼げる塚原卜傳は、更に卜傳流を開き、長威齋の門弟、諸岡一羽は一羽流を開き、同じく根岸兎角は微塵流を開いた。又松本備前守政信は、劍道、槍術共に神技に入り、其の敎へを受けたる有馬大和守乾信は、更に自案を加へて、有馬流を開いた。

又、明の名將、戚繼光の傳書より學びたりと稱する、愛州惟孝は、愛州陰流を唱創した。之の流れを酌みし上州上泉の人、上泉伊勢守は、更に獨創潤飾して、新影流と稱し、大に世に唱せられた。後世の疋田陰流、柳生新陰流等は、即ち之の陰流より出でたるものである。

又、鎌倉地福寺の僧、慈音に敎へを受けし、中條兵庫助は、中條流を唱へ、其の流れを受けしものに、富田流、一放流、長谷川流、鐘捲流等あるが、中にも中條流より出でて、最も有名なるは、伊藤一刀齋景久の一刀流である。

其の他天道流、諏訪流、示現流、念流等は、本期に於ける最も秀びたるものであつた。尚、京都には、吉岡拳法の京流があつて、巾を利かせてゐた。（主たる流派參照）

第八章　劍法の型

劍法の型は、上代、日本武尊の三位、仁德帝時代の神妙劍、平安朝時代の五位等を擧げる事が出來るが、その內容に至つては、何等傳つてゐない。足利時代に於ても秘傳が多く、今日公開せらるゝものは、多くは後人が時代と共に改作したるものと見るべく、眞に開祖時代の型其のものを傳ふるとは信ずる事が出來ない。

幸にも、戰國時代に於ける、愛州移香の、陰流、山本勘助の京流の型が、其の當時の傳書に依つて知る事を得た。以つて足利末期の代表型として、參考とすべく、又其れ以前の型をも推測する事が出來る。（因に型は後に形と書くやうになつた）

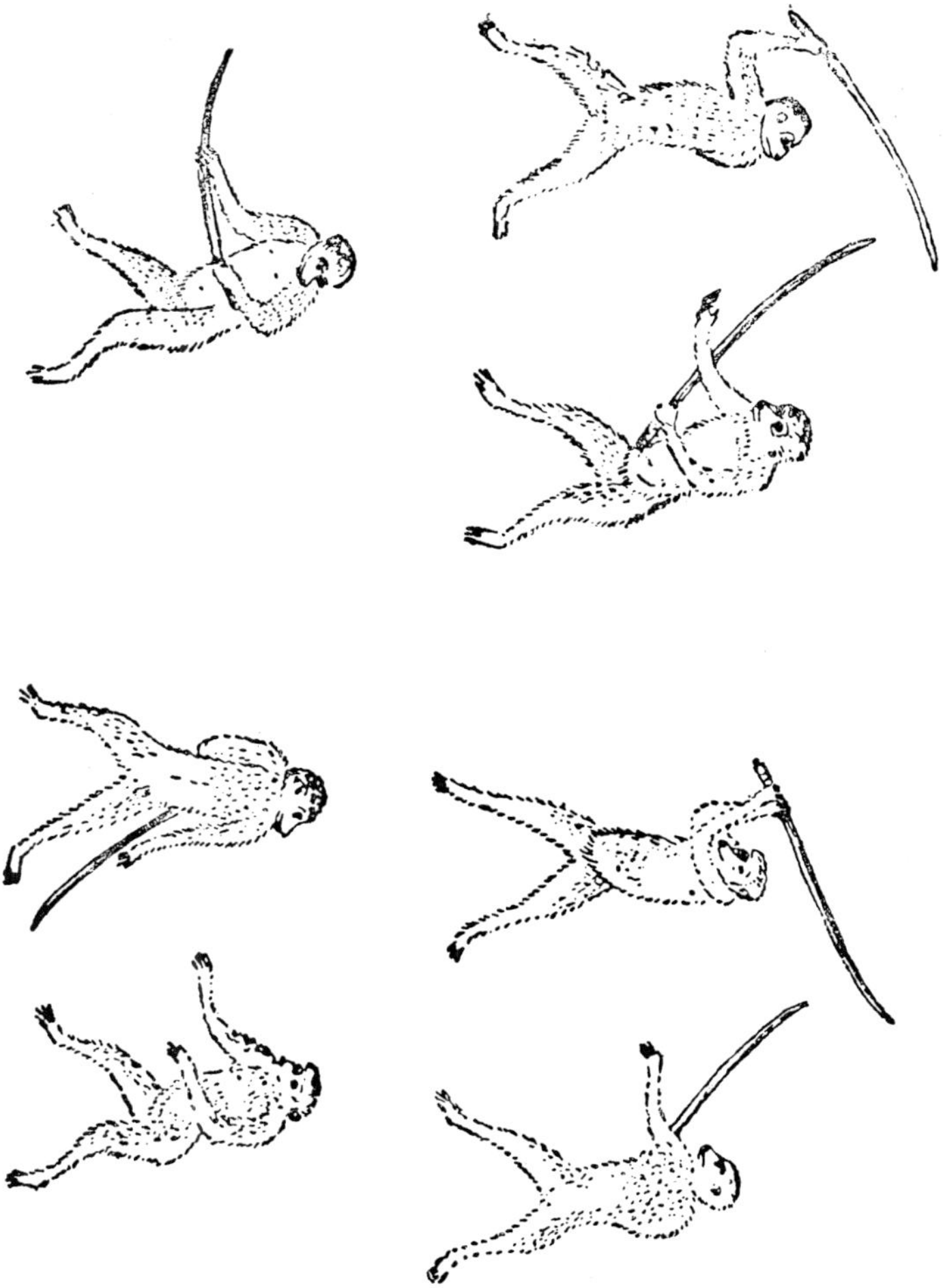

京流形

上段　此構へは眼をすまし心を静めて敵の手立を見る事専一なり

以下略

下段　此構の内に亂心の数ありされば風に雲の行如く雲行けば月も行く船行けば岸も行くと云ふ心なり

右の構は鑓長刀も同意也又上段の内にも三つをわかかち中段にも下段にも三段のわかちありそのことなる事三十三あり

上段
電光位

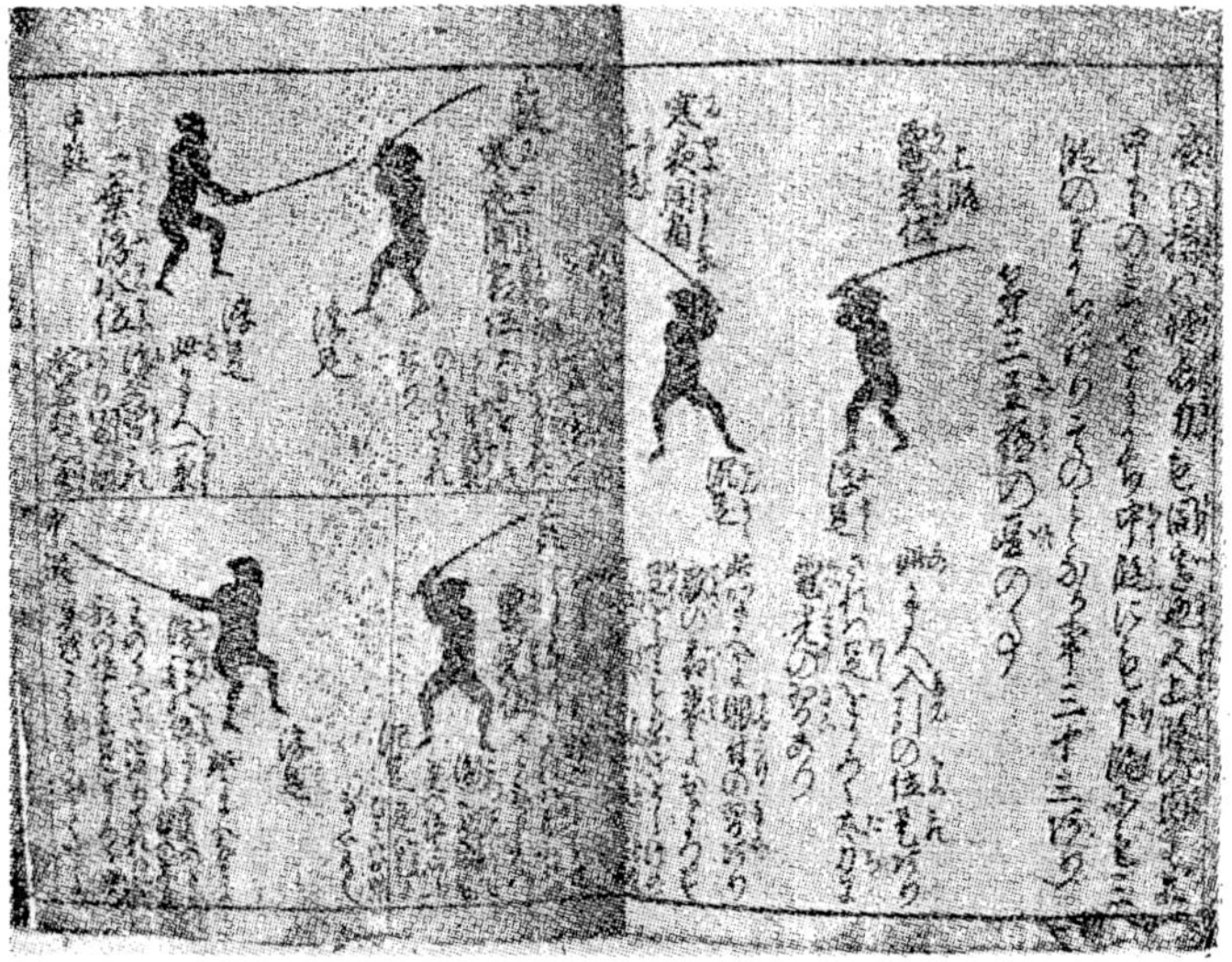

此かまへ入引の位是ありされば足をかろく太刀に電光の習あり此かまへに眼付の習あり敵の表裏におどろかず足をふみすゑ心をしづめて位を取べし是寒夜聞霜

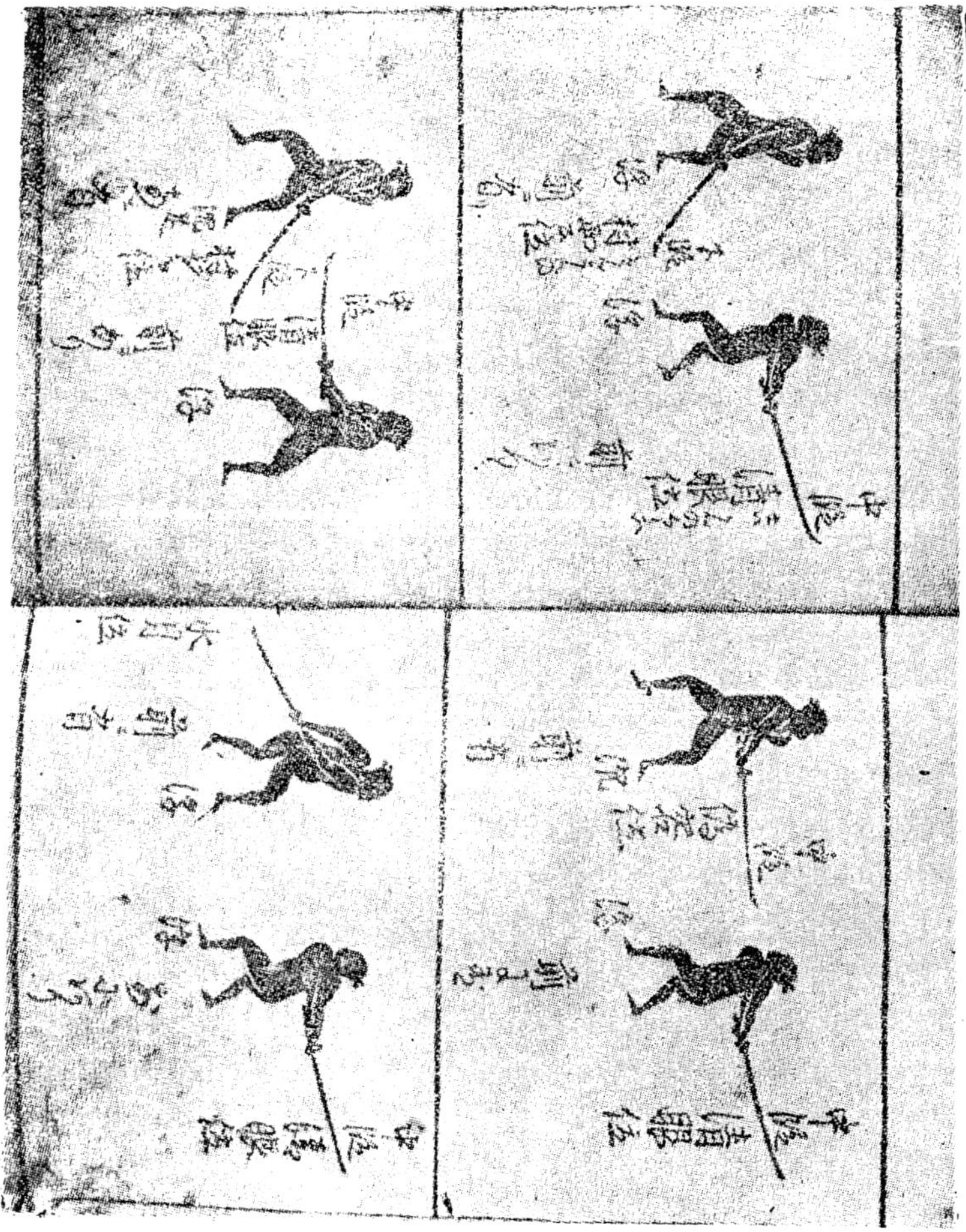

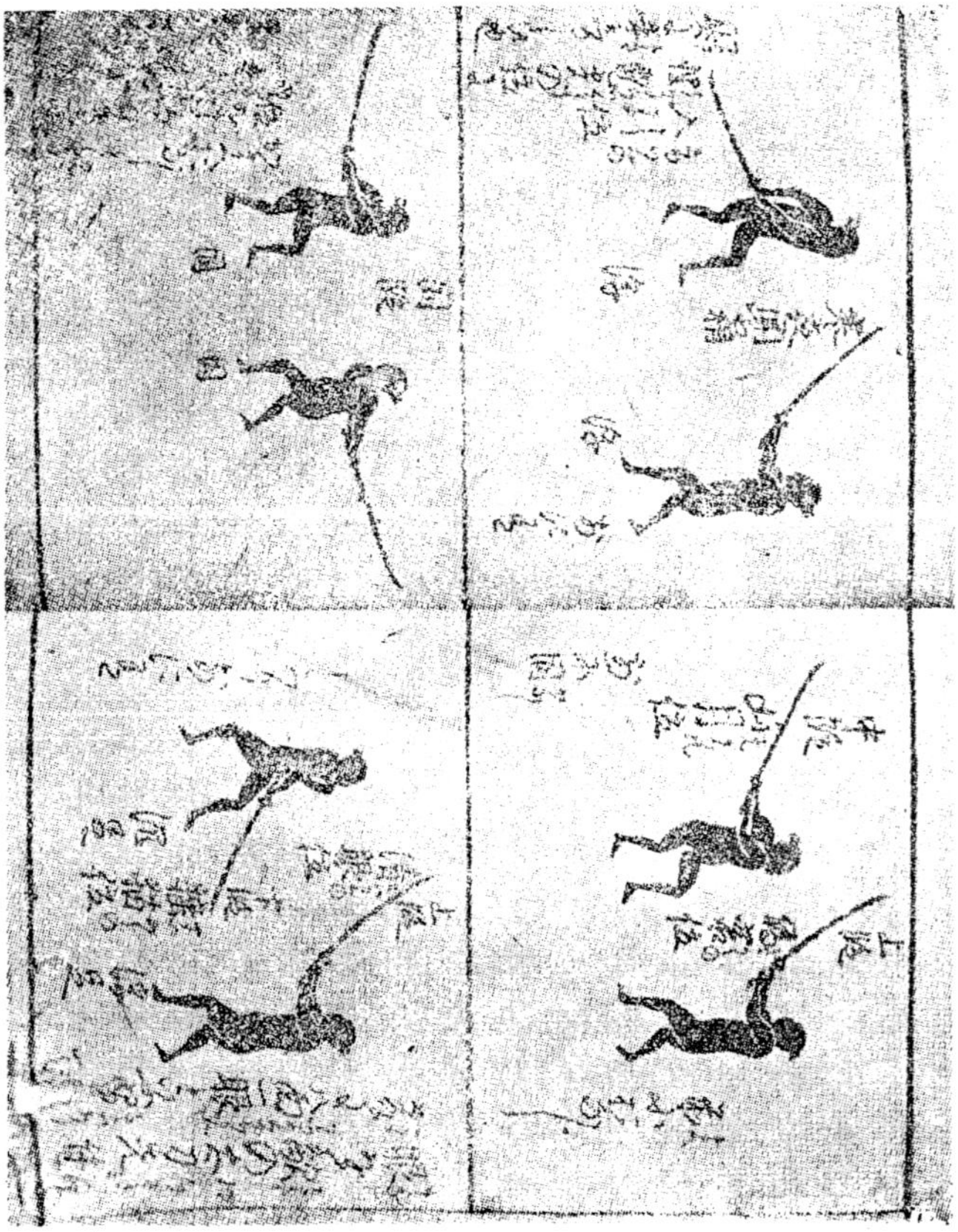

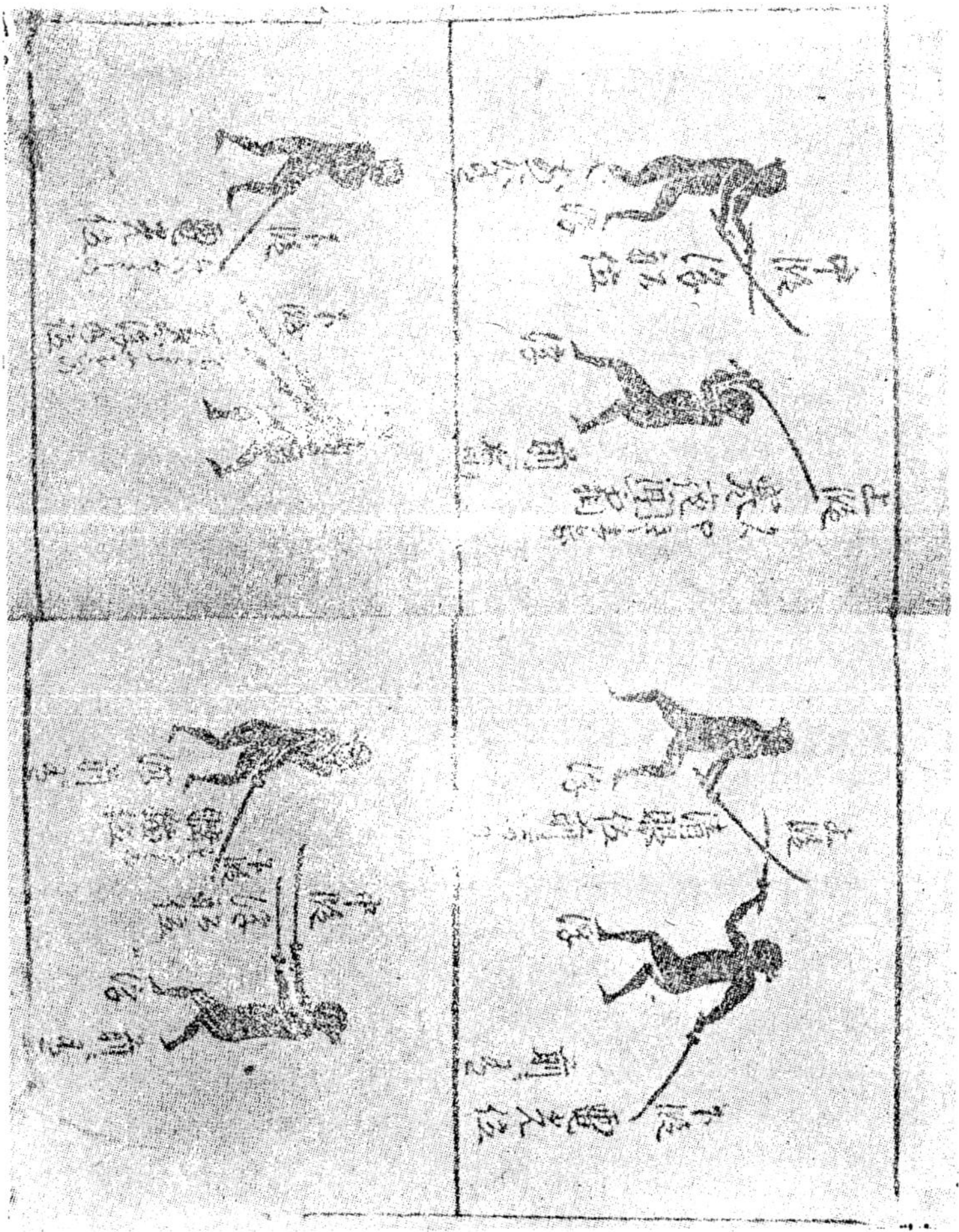

中段
下段
沈
浮
前ニ有
電光位
水月位

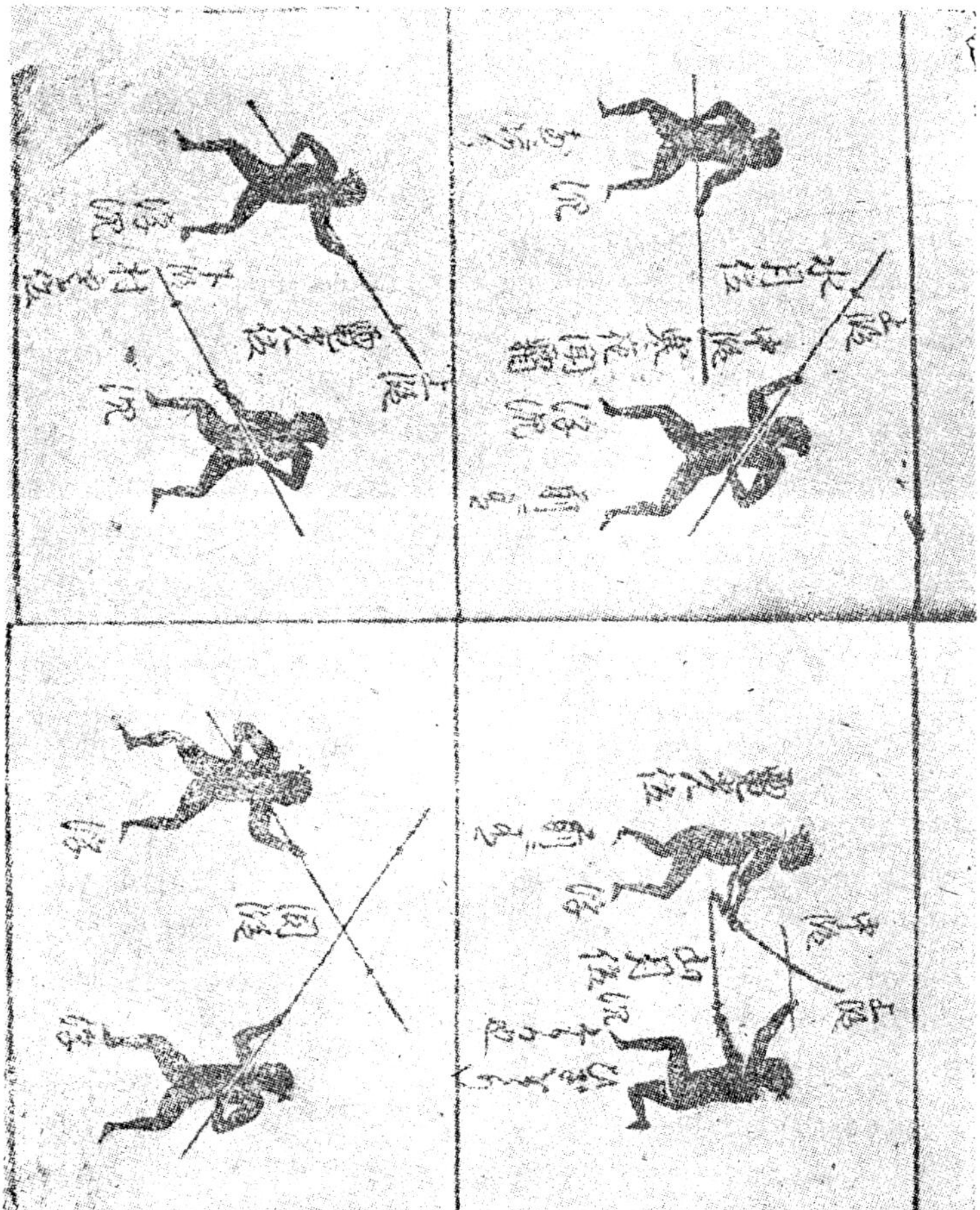

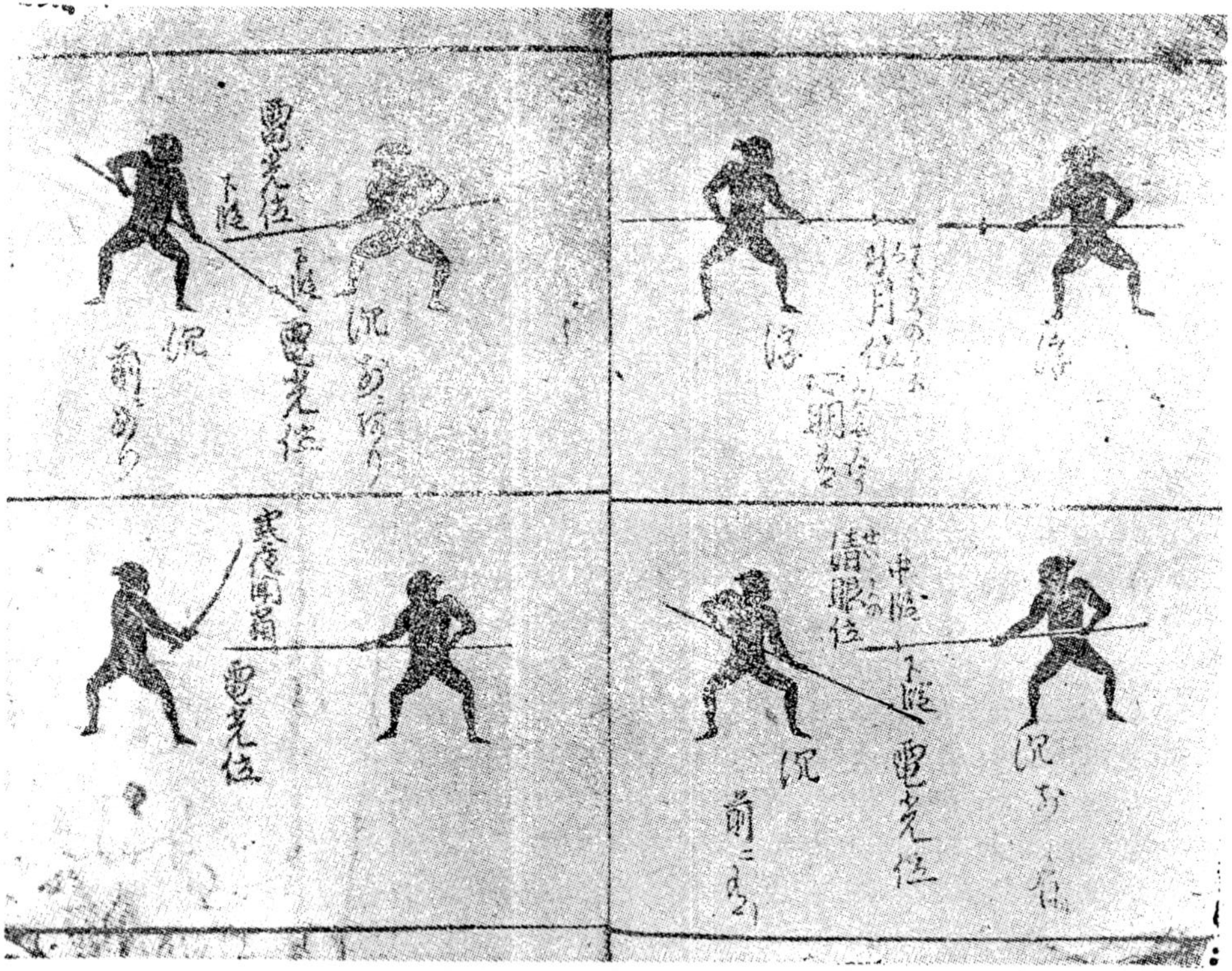
電光位
下段
電光位
沉
中段
下段
電光位
沉
電光位

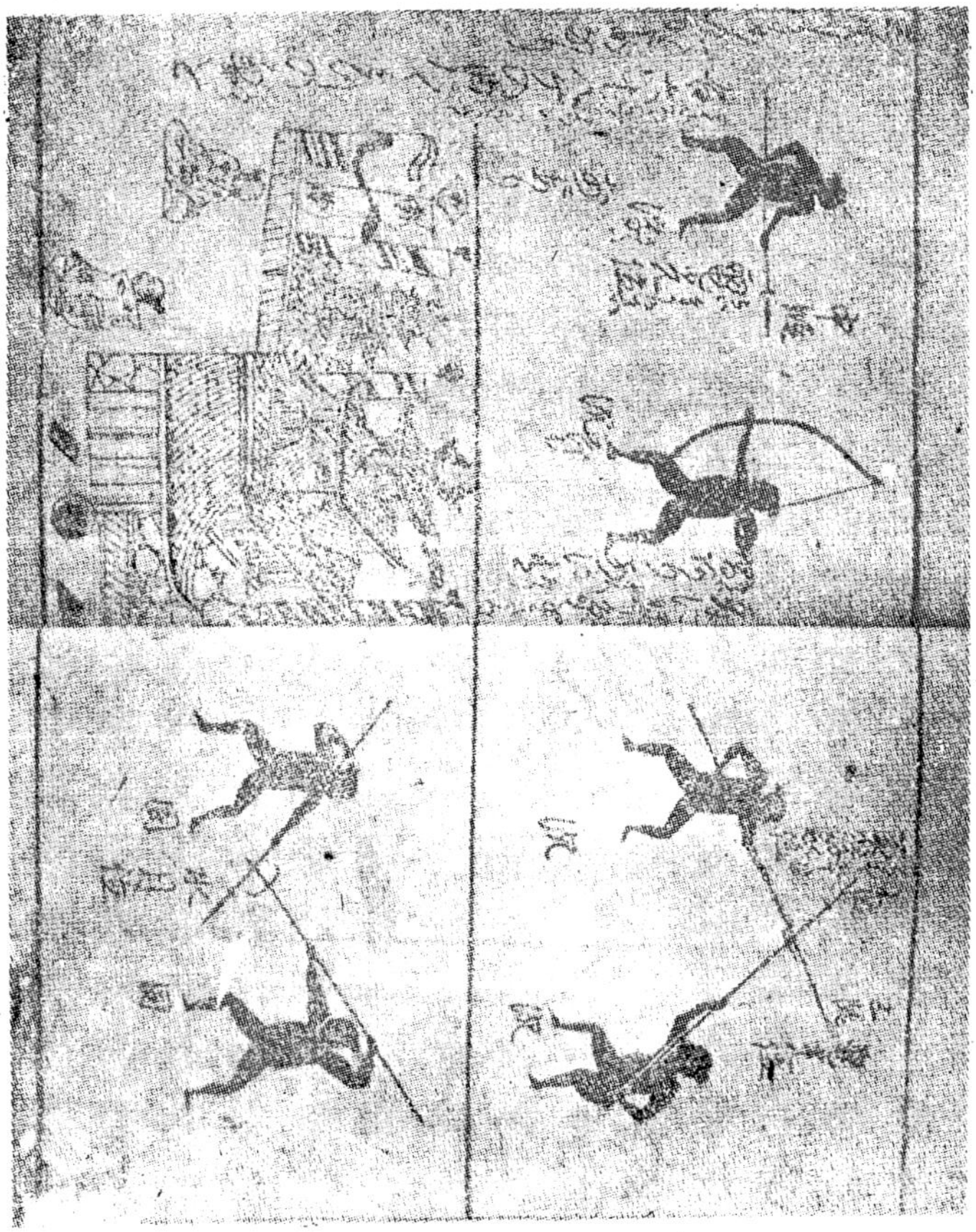

第九章　主たる流派

足利末期に於ける劍道界は、前述の如く異常なる發達を爲した。從つて各劍士競ひ起り、各塾各々門を張り、子弟を敎養するの風生じ、勢の赴く所流派は流派を生み、百花爛漫の盛觀を呈し當時既に數十流を數へたが、其の中最も著名なるものを本節に於て詳述する事とする。其の主なるものは

一、神道流（天眞正傳新當流）
一、影　流（愛州陰流）
一、中條流
一、鹿島流
一、京　流
一、小田流
一、天道流
一、戸田流

一、微塵流
一、自源流（示現流）
一、タイ捨流
一、疋田流
一、神影流　等である。

◇神道流（天眞正傳新當流又は新道流）

本流は始祖遠く、上代に、國摩眞人の「神妙劍」に起り、（上代參照）飯篠山城守家直入道長威齋の創稱したる、東國第一の流派である。

長威齋は、通稱伊賀と稱し、下總國香取郡飯篠村に生れ、幼より刀槍の法に秀で、鹿伏兎刑部少輔に學んで其の極意を得た。若冠京都に出でて將軍義政に仕へたが、いくばくもなく歸國し、專念斯道を磨かんと、香取郡香取神宮の境內、梅木山に居を構へ、日夜明神の加護を祈りつゝ、刀槍の法に渾身の錬磨を積んだ。

因に長威齋が若年、都に出でゝ將軍家に仕へしに就ては、種々異說があるが、前後の事情を綜合するに「鹿島の太刀」とて我が國最初の劍規を立て、劍道の宗家として崇められし鹿島流を學び、天下一の腕前と推擧されて都に上りしものならん。將軍家に仕へ、法の未だ至らざるを知つて間もなく官を辭し歸國し、一心不亂鍊磨に沒入したのであらう。

長威齋一夜の夢に神明來り、一卷の書を授け「之れにより汝天下の劍客の師たらん」と告げた。長威齋夢覺めたれど、全文を記憶す、依つて直ちに之れを法に試み、不可思議の妙機を得たれば、大に喜び、之れを天眞正傳神道流と號した。天眞正の文字は、平法學の中にも見えてゐる。（平法學は兵法學の意）之れ後に、大に世に流行したる新道流（新當流）の流源である。長威齋は當時、愛州惟孝と共に、我が國兵法中興の祖と稱せられ、劍道史上、最も主要なる劍道家にして、長享二年四月歿し、謚號泰巖院殿來翁道本大居士と稱へた。

其の門下諸岡一羽、塚原土佐守、松本備前守政信等は有名であるが、土佐守の子塚原卜傳、一羽の門人根岸兎角、岩間小熊、政信の門人有馬大和守乾守等は、各々一派を立てたるは前述の如くである。

◇卜傳流

卜傳流の始祖、塚原卜傳は、神道流の大祖飯篠長威齋の幼時と同じく、鹿島の太刀を信條としたるものと見るべきである。之れは此の地方に生ひ立つて、刀劍の法に心あるものは、皆等しく辿つた道であらう。而して又長威齋と同じく都に出でて大に劍法を揮つた事も、同じ道行きである。

卜傳百首奧書に

「十七歲ニシテ洛陽淸水寺ニ於テ、眞刀仕合ヲシテ利ヲ得ショリ、五幾七道ニ遊ビ、眞劍ノ仕合十九ケ度、軍ノ場ヲ踏ムコト三十七ケ度、一度モ不覺ヲ取ラズ、疵一ケ所モ被ラズ、矢疵ヲ被ルコト六ケ所ノ外一度モ敵ノ兵具ニアタルコトナシ、凡仕合ノ場トモ立逢フ所ノ敵ヲ討取ルコト一分ノ手ニカケテ二百十二人ト云ヘリ云々」

とある。大體腕が出來ると、若年都に出るのが、當時の人情であつたらしい。元來卜傳は、常州塚原村の生れで、鹿島の神官、卜部覺賢の第二子であつたが、長威齋の教へを受けし塚原土佐守は、其の子新左衛門夭折したれば、乞ひて卜傳を養子とし、其の敎へを傳へた。卜傳は神の子と仇名されし程の天才で、且研究心强く、研磨を重ね、鹿島神宮に一千日祈願して、神意を受け、更に諸國を修行して遂に一の太刀を發明し、之れを後世に傳ふるに至つた。其の後卜傳は京都に出で、三好長慶に仕へ、將軍義輝の劍道指南を初め、細川幽齋、北畠具教等の門人を敎へてゐたが、後退いて武者修行をなし、全國に其の足跡を印した。多數の從者を引きつれ堂々たる威風權勢、並ぶものなく、飛ぶ鳥も落ちる程であつた。（卜傳の門下にて有名なるは、前記の外結城正勝、佐野天德寺、諸岡一羽、眞壁道無、松岡兵庫助則方、齋藤傳鬼坊等がある）晩年は鄕里に歸り、斯道を敎授して樂しみとなし、元龜二年八十三歲の高齡を以つて歿した。
卜傳に就て、有名なる逸話は種々あるが、中にも、江州膳所の渡船に於て、無手勝流を以つて、傲慢獰猛なる武邊者を、孤島に置き去りにせしが如き、跳馬の蹄を避けて、門人に武法の深奥を說示せしが如きは、人口に膾炙する處である。

又門人細川幽齋、人に語つて曰く、卜傳は何事にても人の藝能に誇顏（ほこりがほ）するを見て、

「いまだ手をつかひ申す」

と言つたと語つた、以つて卜傳が蘊蓄深きを知る事が出來る。

卜傳が試合にて、美事に人を斬つたのは、武州川越にて、下總の住人梶原長門との試合である。長門は刄渡一尺五寸の長刀（なぎなた）にて、飛燕を斬つて落し、雉（きじ）、鴨などを自由に薙ぎ落すのみか試合に於ても、首、左手、右手、胴と聲をかけ、其の通り斬りつけ、敵を自由自在に扱ふ手際

の鮮やかなること神の如く、當時向ふ者は獨りもなかつた。卜傳之れと試合すると聞いた門人連は、大に心痛し、此の試合は思ひとまらせるやう、種々諌めた。すると卜傳は呵々大笑し「鵙といふ鳥がある、自分より四五倍大きい鳩を追ひ廻す能がある。然るに「ゑつさい」といふ鳩の半分しかない鳥に出合と、木の葉、笹蔭に隱れて、其の嘴を免がれるに勗める。相手の如何に由つて、物には强弱がある。僅かに一尺五寸の長刀で、兩腕を二度切つたなぞは、よく〳〵相手が不鍛錬であつたからで、三尺の刀でさへ思ふ如くに人は斬れるものではない。鳥獸や放心した敵はいざ知らず、二尺以內の薙刀は柄の短い鎗と同然、突きぬかれた所で、當の敵を討たで死ぬることはないから、安心して見物したがよい」

と言つた。當日長門は例の一尺五寸ばかりの、長刀をかい込んで床机を離れ、卜傳は二尺九寸の太刀をとつて立ち上つた。かけ聲一叫立合ふと見る間に、長門が長刀、蛭卷をはづして二つに切つて落され、あなやと思ふ間に、卜傳踏込んで一刀兩斷、長門は脆くも血けぶり噴いて殪れた。

卜傳其の言ふ所と、爲す所寸分違はぬに、人々舌を捲いて感嘆したと言ふ。卜傳は、武士心得敎訓百首を詠じたが、其の終りに、

學びぬる心にわざの迷ひてや
　わざの心のまた迷ふらん

と添へた。眞に深遠なる大眞理である。

塚原卜傳と、上泉伊勢守との師弟關係に就き、多くの文献は、卜傳は上泉に學びし事を記述してゐるが、又反對に上泉が卜傳の門弟なる如く傳へし文献もある。察するに兩劍士は、何れが師弟でもなく親しく交遊し、劍法の極意を、語り合ひしものと見るべきであらう。

◇神道流目錄並に傳書

始祖、飯篠長威齋、塚原土佐守安幹、塚原新左衞門の三代は、目錄並に傳書は傳はらざるも殆んど同一のものらしく、卜傳に至り新たに加減修正せし處多かつたと言ふ。

其の術名を擧ぐれば、

神道流系圖

- 天眞正傳新當流（神道流）飯篠長威齋家直
  - 諸岡一羽（一羽流）
    - 岩間小熊
    - 土子泥之助
    - 根岸兎角（微塵流）
  - 塚原土佐守─塚原新十郎─塚原卜傳（卜傳流）
    - 北畠具教─塚原彦四郎
    - 細川藤孝
    - 結城正勝
    - 松岡兵庫助
    - 眞壁道無
    - 齋藤傳鬼（天道流）
  - 松本備前守政信─有馬大和守乾信（有馬流）

七重（一、引　一、車　一、違　一、薙　一、亂　一、手縛）

霞（一、遠山　一、瀧落　一、鳴羽返　一、磯波　一、突留　一、上霞）

間（一、間太刀　一、天巻切　一、角切　一、夜太刀）

右の外

三本の十箇（一、陰縛　一、下縛　一、上縛）

小太刀五箇（一、正劍　一、奇劍　一、間違　一、裏留　一、打別）

五箇（一、大陰劍　一、花雄劍　一、劉亮劍　一、皓侈劍　一、大極劍）

更に、高上極意の傳として

一、一文字、横一文字、英像、天利、無想

一ノ太刀。

◇影　流（愛州蔭流）

本流は日向の人、愛州惟孝（移香とも書く）日向國鵜戸權現に參籠し、一夜靈夢を受け、飜然として、兵法の極意を得たるより、神の御影といふ意から、影流と名づけしと言ふ。然れどもその字義に就きては、巷間種々の說あり、一說には陰の字は草木の陰を現し、流儀の蘊奥を暗示したるものとするもの、又武法の表面に現れたる諸動作を、陽とし、諸動作に現れざる、心機を、陰と稱し、武法は心機によりて、勝を制すべき意を體したりと言ふもの等がある。其の何れが眞なるかは、しばらくおき（恐らく秘術といふ意ならん）其の武法の奥義は、非常に幽遠深厚なりし事は、後世其の流れを汲みし新陰流の全國的に隆昌を極めしに依つても知る事が出來る。

惟孝は、鵜戸權現の神官であつたと言ふが、出身は確かならず、明國の、戚繼光の傳書より學びの端を開きし事は、事實であるらしい。

陰流は其の子、愛州小七郎惟修に傳へ、小七郎の教傳を受けし、上泉伊勢守（武藏守）は、更に其の奥義を極めて、新工夫を加へ、新陰流を立てた。

◇新 陰 流

新陰流の祖、上泉伊勢守(武藏守)は、神道流の長威齋と並びて、我が劍道史上特筆大書すべき重要なる人物である。

伊勢守信綱は、代々上州群馬郡上泉村に住したが、遠祖は遠く、遠州俵藤太秀卿より出で、累代上野國大胡の城主であつた。從來上泉の庄地は、鎌倉幕府の支配下にあり、足利時代に至り、管領の手に屬し、信綱の時は上杉憲政の配下であつた。北條氏小田原に居城するや、大に武威を張り、氏康は遂に天文二十年上杉憲政を討つて越後に走らせた。追て上泉をも攻略せんとしたので、機を見るに敏き信綱は之れと和した。上杉憲政の養子、鎌信は稀に見る名將にて幾千もなく上州に出兵、忽ち之れを攻略し、箕輪の城主、長野信濃守業正に守護せしめた。然るに業正は永祿四年病死した。之れを探知した武田信玄は、好機逸すべからずと、大軍を率ひ箕輪を攻略せんとした。業正の子業盛よく戰つたが、衆寡敵せず遂に悲壯なる最後を遂げた。其の時の落人となつた上泉信綱は桐生の城主、大炊助直綱に身を寄せ、劍道を教授してゐた。

上泉武藏守は、幼より刀槍の法に長じ、一說には鹿島の松本備前守に劍の秘法を受けたとも言ふが、愛州惟孝の子、小七郎に就いて影流を學び、其の精妙を悟得し、更に信州飯綱權現に祈願し、新工夫を加へ、遂に新陰流といふ一派を立てたのである。

此の新陰といふ文字に就いても、或は、新影、眞影、神陰等、種々書き亂れてゐるが、戰國時代は、文字の使用亂雜なりし爲、種々の文献を見るに上泉信綱自身も統一してゐなかつたやうである。

前述の如く永祿六年、箕輪城遂に武田信玄に亡ぼさるゝや、信玄は豫て上泉武藏守の武名を聞き及び、禮を厚くして之れを招聘せんとした。上泉は一時箕輪城に歸つたが、後間もなく、「兵法修行仕度候、奉公いたすにおいては、信玄公へ注進可申候、奉公にてはなく修行者に罷成候」

と固辭し子、秀胤、甥、疋田文五郞、門弟神後伊豆守等を從へ、武者修行して、諸國を遊歷した。後尾張國に至り、織田信長に從つたが、共に京都に上り約六、七年程滯在した。

共の間將軍、義輝に召され、劍法につき、種々御下問に應答し、或は御前にて實地兵法を御覽に供し、天下一の御墨付まで頂いた。義輝は上泉武藏守を、召し抱へんとしたが、辭して高弟、神後伊豆守を推薦し、已れは專ら近國に往來して、新陰流の兵法を敎布した。

當時大和田國柳生にありし、柳生但馬守宗嚴が、上泉武藏守の武名を慕ひ、迎へて師となしたるは、此の間の事である。宗嚴は三好長慶に從つて、中條流の達人であつた、齡四十歲の男盛りで武威近隣に轟き、頗る鼻呼吸が荒く、上泉信綱が大和へ來たと聞き、早速招いて試合を申込んだ。

武功雜記に

兵法つかひの上手に、上泉伊勢と云ふもの、虎伯（疋田文五郞のこと）と云ふ弟子をめしつれ和州へゆく、時に柳生氏上方にて、兵法無類の上手なり、幸ひと思はれ上泉を呼んで木刀を所望し見て、心をかしく思ふて、上泉と仕合をのぞむ、上泉さあらば先づ虎伯とあそばせと、再三辭退す、柳生則ち虎伯とつかひしに、虎伯それにてはあしゝとて、三度まで柳生を打つ、そこにて是非上泉と試合を致したしと望む、上泉辭退しかねて向ふと、いなや其太刀にては取申とて取る。之に依て柳生氏大に驚き、上泉を三年まで留置、しんかげの秘流を傳受す云々

とある。

次いで大和國重肥後守の家臣、松田織部助等、上泉の敎を乞ふた。江州坂本に、栗本與次と稱する悪漢あり、大剛の者にて狼籍を働き、人皆迷惑をしてゐたが、恐れて近寄るものなきを上泉難なく取押へて評判となつた。遂には畏くも正親町天皇の叡聞に達し、勅諚を給ふた。元龜二年七月大和より、上京直ちに從四位下に叙せられ、劍法を天覽に供し奉つた。

其れより公方公卿を初め、織田信長の將士達に、兵法、軍配、劍法等を指南したのである。

惶れ多くも、草莽の臣で、劍道を天覽に供し奉りしは、上泉信綱が最初であり、其の名譽は實に偉大なるものであつた。この一事を見ても、上泉信綱が如何に人格高潔にして、軍律、軍法に達識にして、劍道に秀でてゐたかを知る事が出來る。

名聲を聞いて、諸國より敎を乞ふ者多く、中にも九州より馳せ參ぜし丸目藏人等の勇將は數限りなかつた。

柳生宗嚴は、後柳生流を創立して、代々徳川氏に仕へ、丸目藏人は、體捨流を案出して、九州地方を風靡し、又同門疋田文五郎の如きは、豊臣秀次の師範となり、疋田陰流を立てゝ世に鳴らした。以つて如何に上泉武藏守の新陰流が大なる力を有せしかを知るに足るであらう。

試みに其の主なる師系圖を擧ぐれば

陰流師系圖

愛州惟孝（移香）（影流）―愛州惟修（小七郎）―上泉武藏守信綱（新影流）

松本備前守（鹿島神陰流）……上泉武藏守信綱

上泉武藏守信綱
- 神後伊豆守―福崎務齋時忠
- 疋田文五郎（疋田陰流）
  - 山田浮月齋
  - 中井新八
  - 上野左右馬助
- 柳生但馬守宗嚴（柳生新陰流）―宗矩
- 丸目藏人鐵齋（新陰タイ捨流）
- 奧山孫次郎公重―小笠原長治（眞新陰流）
- 西一頓源高乘―山北三藏

上泉信綱は、身丈六尺、膂力人に優れたる偉丈夫なるが、人情に富み、要心深く、謙譲であつた。其の性格は、彼の説く兵法にもよく現れ、

「兵法は人のたすけに遣にあらず、進退爰に究りて一生一度の用に立るなれば、さのみ世間に能く見られたき事にあらず。たとひ仕なしはやはらかに、上手と人には見らるゝとも毛頭も心の奥に正しからざる所あらば、心のとはば如何答へん。仕なしは見苦しくて、初心の様に見ゆるとも、火炎の内に飛入磐石の下に敷かれても、滅せぬ心こそ心と賴むあるじなれ。」

と、言ふてゐるを見ても知る事が出來る。又初心者に敎ふるにも

「不斷に忘れまじきは、しなひにても双方、むね方の吟味をして、眞劍にての勝負と思ふべし、初心の心付無之以前は、工夫をせんと思ひても、實のなき故に、案ずることなきものなり、身を離れたる工夫は、初心の内は用に立ぬものなり、縱ひ理は合默しても所作とのはぬ故、勝口正しからず、先づ所作と心との和合するやうにつかふ心もちよし。」

と訓じてゐる。劍道を刺擊の具に供せざりし信綱の心底を伺ふ事が出來るのである。

次に影流及び新陰流並に新陰流の目錄に依り、其の術の內容を揭ぐれば、大要次の如くであ

る。

△影の流目録

猿飛　虎飛　青岸　陰見　猿回（山陰）

武備志記載斷御以下省略

□上泉より西一頓に傳はる新陰流の目錄

燕飛

猿廻　山陰　月影　浦波　浮舟

山霞　獅子奮迅

三學

一刀兩斷　斬釘截鐵　半開半合　右轉左轉　長短一味

九箇

必勝　逆風　十太刀　花木　捷徑

大詰　小詰　八重垣　村雲

禁制　一ケ條

天狗書　心光劍　殺活劍　當流起本　口傳次第之事
道場莊　謀略大事口傳

□上泉より疋田文五郎に傳はる新陰流の目錄

新陰之流猿飛目錄
一、猿　飛　一、猿　廻　一、山　陰　一、月　影
一、浮　舟　一、浦　波

新陰三學之卷
一、覽　行　一、松　風　一、花　車　一、長短一味
一、徹　底　一、磯　波

新陰位詰之目錄
一、音　波　一、逆　風　一、岩　碎　一、殘　心
一、清　月　一、眼　勝

天狗書秘傳之卷
一、亂　勝　一、鈎　極　一、雲　截　一、電　光

手留

曲勝　曲勢　手繋　亂勝

新陰流灌頂極意之巻

三光之利劍

新陰流紅葉觀念之巻

八所之目着並に先持後拍子之事

外之物謀略之巻三十三ケ條

□上泉より柳生宗嚴に傳はる柳生流の目錄

三學

一刀兩斷　斬釘截鐵　半開半向　右旋左轉

長短一味

九箇

必勝　逆風　十太刀　和卜　捷徑

小詰　大詰　八重垣　村雲

天狗抄

花車　明身　善待　手引　亂劍

二具足　打物　二人懸

二十七ヶ條截相

序

上段三　中段三　下段三

破

上段三　中段三　下段三

急

上段三　中段三　下段三

燕飛

燕飛　猿廻　月影　山陰　浦波

浮舟　折甲　十力

之れに依つて、影流の源、及び明國に傳はりし影流、上泉の新陰流、疋田の新陰流、柳生の新陰流の創意をも知る事が出來やう。

◇陰流の人々

△神後伊豆守

神後宗治は、上州の出身にして、箕輪落城の際、上泉信綱と共に、落武者の一人である。幼より刀槍の法に長け、上泉信綱に就て、新陰流の劍法を學び、疋田文五郎と共に、上泉の雙腕であつた。信綱が武田信玄に暇を乞ひ、諸州を歷遊するに從ひ、京都に於て、將軍義輝、關白秀次の御前に於て、數々劍法を演じ賞讃を受け、高名を顯した。

神後は後尾州侯に仕へ、劍法指南に從つた。門人中傑出したる者多く、中にも服部藤次兵衞の如きは、三代將軍德川家光の御前に於て、神妙劍を臺覽に供し、榮譽を受けた。

△上泉主水憲元

上泉信綱の舍弟である。上泉が歿後は、京都相國寺に寄食したが、會津上杉景勝が上京した際、直江山城守は、上泉の弟として、景勝に推擧した。慶長五年關ケ原合戰の先驅として名をなした。後上杉勢が東北地方を征伏するに當り上泉主水は、三千五百騎を引率し、大に武勳を彰したが、山形に攻め入らんとするや、主將直江山城守と、戰略上意見の衝突を來し、山城守に臆病なりと、罵倒されしに憤慨し、むらがる敵中に唯一騎、縱橫に駈け入り、斬りまくり、遂に華々しき戰死を遂げた。時に三十四歳であつた。武人の華として、後世まで傳へる處である。

△丸目藏人

タイ捨流　流祖、丸目藏人は、肥後球磨郡人吉の產、初め相良壹岐守に仕へ、後京に出で北面の武士となつた、幼より武法に秀で、塚原卜傳に師事し、新當流の傳を受け、後上泉伊勢守に入門し、神妙劍の蘊奥を究めた。師の歿後、京の淸水にタイ捨流の塾を開き、後諸國を歷遊し同流を鼓吹した。

新影タイ捨流目錄

刀之截斷　截合重段　半開重截　兩强勝弱

左截仕合

橫切仕合

極　意

懸之卷　保壽劍　高妙劍　風勢劍

極々意

無石焰刀　空開　柳風

刀（目付之事）

遠山之目付　陽之目付　陰之目付　甲乙中　虎籠請

◇天　流

天流又は天道流と言ふ。常陸國眞壁郡井手村、齋藤判官傳鬼、主馬之助の創起である。齋藤家は北條氏家の臣で幼名金平、頗る武法を好み本國の士、塚原卜傳に就て修業し、次で相州鎌倉八幡宮に參籠、祈願の瑞夢を得た、即ち天より一軸を賜り披見すると夢見、覺めて妙機を修得した、依つて天流と名けた。武名揚ると共に京に召され、紫宸殿の廣庭にて一刀三禮の太刀を天覽に供し、左衛門尉の位官を賜つた、後入道して井手判官傳輝坊と名乘り、故鄕に於て武道教授をなし高名の士多く門下に集り武名を馳せたが、仇敵の爲矢を射られて倒れた。六代、日夏彌助繁高は、江戸に道場を開き、本朝武藝小傳十卷、本朝武林原始八卷、兵家茶話十卷、兵家物語三卷等を著した。

◇疋田流

疋田流は一つに疋田蔭流といふ。上泉伊勢守の甥、疋田文五郎景兼の開祖である。文五郎は上泉秀綱の手飼ひにして駿足の聞え高く深く将來を囑望された。徳川家康、曾て上泉を徴したる際、上泉は辭して疋田文五郎と、柳生宗嚴を推した。然るに家康は、疋田の兵法を見て、其の手腕に敬服したが、致示方に不足ありとて退けた。而し文五郎は其の後關白秀次に仕へて武名を馳せた

寛永時代の文献に

位詰

紅葉觀念の卷　灌頂極意の卷　極意之太刀　三光之利劍

等、目錄に見ゆるも、疋田開祖の創始ならん。

◇中條流

中條流は其の始祖、鎌倉時代に發したるは、既述の如くなるが、同流四代目中條兵庫助は、

鎌倉壽福寺の僧、慈音に敎へを受け、其の蘊奥を極め、中興の祖と稱せられた。

僧慈音は、奥州相馬の人十八歳にして、夢に劍法、兵法の奥秘を感受せしと言ふ。初め、相馬四郎義元と稱して、世に知られたる武人であつたが、故あつて世を捨て、佛道に歸依した。されど性來好きな刀槍の味を捨つる能はず、更に佛道の奥義を、武道に加味し、其の妙機を悟得する事が出來た。

慈音は遠山念阿彌と稱してゐた故、世人呼んで念流と言ひ、僧侶及び武家の、其の門に集る者多かつた。

中條兵庫助長秀は、出羽判官賴平の子、伊豆守長家の孫に當り、關東奉行評定衆、景長の長子であつた。父の職を襲ふて、鎌倉評定衆であつたが、素より家門の道たる刀槍の法に造詣深く、慈音の敎示を受け、益々斯道を研き遂に、其の非凡なる手腕を認められ、將軍足利義滿に召されて、師範となり、大に面目を施し、世人より神の如く崇められた。長秀は恰も影流の始祖、愛州惟孝、神道流の開祖、飯篠長威齋と同時代の人にて、當代武人の三羽鳥と稱され、劍道史上重要なる人物である。從つて養成したる門弟にも、優秀なる人材多く後には有名なる、富田流、一刀流の二大派を生み、富田流は更に寶山流、二階堂流、長谷川流、一放流、鐘捲流等の諸流を出した。

兵庫助長秀は、家門代々鎌倉壽福寺の檀徒であつた爲、慈音に近づく機會は、極めて幼少の時からで、同門の士も多く、慈音亡き後は、長秀代りて教授したりと言ふ。多くの門下中、越前の人、甲斐豊前守、非凡の力量あり、且長秀の信任厚く、長秀は中條流の秘傳を、豊前守に授け後繼せしめた。

◇富　田　流

中條長秀の中條流は、前述の如く甲斐豊前守に傳はり、豊前守は更に其の門弟、大橋勘解由左衛門に傳へた。勘解由左衛門は多くの子弟を養つたが、其の中に富田九郎右衛門と云ふ抜群の手腕を有する偉材を發見し、之れに秘法を傳授した。

九郎右衛門は、越前朝倉家の家臣であつたが、幼より刀槍の術に長じ、日夜寢食を忘れて精勵し、遂に師の極意を悟得し、他の門生に先んじ秘傳を受けた。九郎右衛門大に喜び、一層其の蘊奧を極むると共に、更に種々創意を加へ、遂に富田流を立つるに至つた。

富田流は、元來小太刀を使ふに妙機ある流にて、九郎右衛門が、師大橋勘解由左衛門より、皆傳を受けしも、即ち中條流の小太刀であつたと言ふ。

九郎右衞門は、其の子、治部左衞門箕裘に秘傳したが、其の治部左衞門に二子あり、兄を與五郎、弟を與六郎と言つた。兄は祝髮して勢源と名のり、弟は治部左衞門景政と稱し、家を嗣いだ。景政は永祿年中、故あつて生家を辭し、尾張荒子に來つて前田家に仕へ四千石を領し、前田家の世臣となつた。其の後關白豐臣秀次の御前試合に召され大に名を博し、之れより富田流盛に世に行はれた。景政の一子景勝弱年にして戰死したので、同僚山崎彌三郎景邦の子を養子とした、之れ即ち後の越前守重政である。

重政は幼時より養父景政に就て、中條流の奧義を體得し、其の妙機神境に入り、恒に軍功を立て、利家、利長、利常の三代に仕へ、食祿一萬三千石を食むだ。

利常公一日、重政に向ひ、其の方の家藝にて

「無刀取（むたうとり）」

と言ふ秘法があると聞き及ぶ、然らば之れを取つて見よと、佩刀をズラリと抜き放ち、顏前に突きつけた。重政はかしこまり、無刀取は秘法につき、他見を憚り申します、御褄の蔭より伺ふ者がありますれば御叱りを願ひますと言つた。公は思はず後を顧みらしかば、重政はギュ

ツと御手を握り、無刀取は之れにて候と言つたので、公も微笑して其の機智に感ぜられたと言ふ。

又重政某日、家僕に命じ、鬚を剃したるに、家僕心窃に思ふやう、いかに天下の名人なりとも、かうした時に、一刺しに刺せばお陀佛だらうと考へた。重政不圖僕の顏をのぞき、其の方の顏色尋常でない、而し思つた事をする勇氣はあるまいと言つたので、僕は縮み上つた。斯くの如き達人重政の時代に富田流が名聲を博したるは、當然の事にて、將軍秀忠の臺覽を得、世人より名人越後と呼ばはるゝに至つた。

富田流の小太刀は、今日も尙越前に傳はり重寶とされてゐる。小太刀は最長一尺三寸なり。景政の兄、勢源は常州鹿島の住人、梅津と試合せしは有名にて、梅津は三尺五寸の木刀を以つてし、勢源は一尺二寸の割木を以つて小太刀に代へ、物凄く飛び込んで、敵を仕とめた。

此の小太刀の業は、先方に飛び込んで、斬るものにて、入身の術である。

富田越後守の弟に、山崎左近將監あり、又勢源が甥に、林田右門あり、戸田越後守、土屋宗俊等、富田流の錚々たる使ひ手であつた。

◇戸田流

前述したる富田勢源は、若年より家を出で、家を家弟景政に讓つた後は、濃州齋藤義龍に寄り、其の兵法師範となつた。梅津との試合は其の時である。勢源は淸玄と名を改め、富田流を戸田流と改稱し、大に世に稱せられた。一說には、戸田淸玄は、上泉の四天王なりと稱し、加賀に赴き戸田流を擴めたと言ふ、察するに、上泉の新陰流と富田流とを折衷し、戸田流を案出したるものであらう。

淸玄の門人、林田左門は達人にて高柳源五右衞門定政と名乘り、法を子孫に傳へたが高柳又四郞義正は怪童と綽名され十五代將軍の師範となつた。

◇一刀流

中條流系統中、其の最も有名にして、最も世に用ひられたるは、一刀流である。中條流、富田治部左衞門景政の高弟に、鐘捲自齋通家あり、一派を起し鐘捲流と稱した。高上金剛刀を以つて極意とし、世に知られたが、其の門に伊藤一刀齋景久が出顯した。之れが卽ち一刀流の始祖である。

一刀齋景久は、伊豆大島の人とも、西國の出身とも言ふ。幼名を彌五郎と稱し、武道に秀で眼光烱然、身の丈高く筋肉逞しき大丈夫で、常に惣髮を撫で上げ、山伏の如き容姿であつた。師鐘捲自齋に就て、中條流の小太刀、自齋の發明せる鐘捲流の中太刀を傳受し、其の奥義を極め、更に諸國を武者修行した。景久若年の折、淀の夜舟にて、傲慢なる船頭と仕合し、忽ち之れを屈伏させたる話は有名にて、之れが即ち一弟子の善鬼である。景久、名ある武人と勝負する事、三十三度、嘗て一度だも負を取らず、而かもそれ等眞劍勝負に依り、獲得したる妙機と、諸流の長を採り優を酌み、更に案を練り、苦慮穿考して遂に自己一流を立てた、即ち之れが一刀流である。一刀流は中條流の小太刀、鐘捲流の中太刀の制を取らず、大太刀をも使ふものので、一心一刀を意味し、『萬物一刀より起つて、萬物一刀に歸す』又森羅萬象此一刀にありとの意より、一刀流と名づけた。世には一刀齋の姓名より流名生れしと稱するものがあるが、寧ろ一心一刀の武法より、其の名を取りたりと見るべきである。

一刀齋は一刀流を、高弟神子上典膳忠明に傳授し、晩年は其の行衞不明である、一説には天正年中織田信長に仕へ、長壽を全ふせりと傳ふるも眞否全からず、神子上典膳は、よく一刀流の奥義を極め、當代屈指の劍士となつた。後年名を小野次郎右衞門と改め、小野派一刀流を立て、徳川期に於ける大をなしたるは、人のよく知る所である。(其の節參照)

この神子上典膳と一弟子善鬼に就いて、秘話がある。善鬼は一弟子にて、何處の仕合にも先づ善鬼が出るが例であつた。其の强き事並ぶものなく、次第に技法の進むに從ひ、今は師景久を除けば、天下に敵なしと自負した。然かも根が船頭であり性惡しく、遂には師を殺害せんと計つた。景久は其の惡企を豫知し、常に用意怠りなく、何かの理由があれば之の災を除かんとした。

時やよし、一刀齋の劍法は、江戸に響き、家康公の上覽を給ひ、遂に家臣に召し抱えられんとした。一刀齋は之れを拜辭し、門人神子上典膳を推擧した。茲に至つて高弟たる善鬼は、憤怒を師に浴せ、切々其の順序ならざるを訴へた。一刀齋は、然らば、汝神子上と立合ひ、勝ちたる方へ、極意を皆傳し、仕官をも斡旋すべしと答へた。即ち二人は相州小金ケ原で、必生の力、渾身の秘法を盡して立合つたが、豫て一刀齋は善鬼を除かん事を企んでゐたので、典膳に加擔し、流石不遜の善鬼は丸二つに斬られて、最期を遂げた。一刀齋は亡骸を其處に埋めて、松一本を手植ゑ、之れを善鬼松と呼ばしめた。惡弟子に對する、せめてもの供養であつた。一

説には之により一刀齋は、刀劍を捨て佛道に歸依し、行衞不明となりしと言ふ。（後章瓶割刀參照）

倘、一刀齋に就て種々なる巷説がある。即ち一刀齋は鎌倉八幡に祈願し、一刀流を開きしとか、又鎌倉に住居せし際、他流の者にそねまれ、彼の妾をだまし、一刀齋に大酒を侑め、醉ひ潰させ、深夜數人にて襲ひかゝつた。一刀齋は用心深く、恒に蚊帳の裾に枕刀を忍ばせておいたが、其の時既に妾に刀を奪はれし後にて、危ふく斬られんとするを引き外し、後より相手を突き倒した。他の者は倒れしは一刀齋なりと誤り、之れに斬つてかゝるを、更に後より突き倒し刀を奪ひ危地を脱した。其の時の切り拔けた型を典膳に傳へ、已れは失態を恥ぢ姿を消した、其の時の型がこの流に殘る佛捨刀の一手であると言ふ。而し此等は何れも浮説であらう。

一刀流の刀法は、

『五十本、刄引、相小太刀、正五點』

を以つて組織されてゐる。一刀流假名書之口傳書に

「一刀流ト云フハ先一太刀ハ一ト起テ十ト終リ、十ト起テ一ト納ル處ナリ故ニ萬有物ヲ數フルト右ノ處ナリ、習ヒツカヘテ見ルニ本ノ一刀ト云フ此ハ一ト起テ十ト切リ、其ノ太刀

ニカマハズ氣分ヲ元エ納ムル處ナリ、亦敵ヨリ十ト起ルトキハ我一ヲ持テシメトル故也故ニ一ト納マル也ソウシテ一刀ニキス故一刀流ト云フ」

とある。本流は即ち理と業とを究明し、「我勝たざれば敵は負けない、敵勝たざれば我は負けない。我勝たぬは敵のよく守る處で、負る處は勝つ處であらぬ。

「威」不轉の位

「移」棒心の位

「寫」水月の位

の三位を說き、威は即ち靜にして勢を含み、移は即ち過不足なく左右に轉じ守る。寫は即ちいつか離れし無念にして敵の想を寫す」と言ふのである。又殘心の位で、

『我の一を以つて敵の二に應ずるに、擊ちて受け、外して斬る時は、利があるが、受けてから擊ち、外してから斬るのでは一に對して一、二に對して二に應ずるので、勝負は五分五分である。一を以つて二に應ずる時は、必ず勝つが、一を以つて一に應ずれば、或は勝ち或は負ける。一を以つて二と求むれば必ず負ける』と敎へた。

又一刀齋より敎へを受けしものに、古藤由勘解由左衛門俊直と言ふものがある。俊直は相州

北條の家人にて、幼より刀槍の法に長じ、一刀齋が相州に武者修行に來りし際、之れを師として其の蘊奥を極めし達人にて、一刀流の系脈を相傳し、其の子仁左衛門俊重、其の子孫俊定等家聲を揚げた。

中條流系統圖

僧慈音—中條兵庫助長秀（中條流）—甲斐豐前守—大橋勘解由左衛門—富田九郎右衛門長家（富田家祖）

- 同治部左衛門景家
  - 同五郎左衛門（入道勢源）
  - 同治部左衛門景政
    - 同越後守重政（富田流）
      - 同　主　計
      - 同　越前守重康
      - 同　主計宗高
      - 同　一　放（一放流）
      - ……無一坊海圓（無海道）
    - 山崎左近將監
    - 長谷川宗喜（長谷川流）
    - 鐘捲自齋（鐘捲流）
      - 伊藤一刀齋（一刀流）
        - 神子上典膳
        - 古藤田勘解由左衛門俊直

◇鹿島神流

鹿島神宮には上古より神劍あり、神職に從ふ者、擧つて劍法を極めたが、中にも優れたる者七人あつた、之れを關東七流と言ひ、京の鞍馬の僧、鬼一より、傳を受けたるもの八人あつて之れを京八流と稱したるは前述の通りである。

鹿島七流の中に、松本備前守尙勝（或は杉本政信）といふ者があつた。常陸の大椽鹿島家の四家老の一人で、鹿島神宮の祝部であつた。神傳の劍法を錬成修得し、戰場に高名を顯す事數十度、遂に實驗に徵し、創案を加へ、刀槍術に一機軸を開いた。塚原卜傳の秘太刀にて有名なる、

「一の太刀」

と稱する極意は、備前守尙勝の創意で、之れを塚原新左衞門に傳へ、更に新左衞門より卜傳に傳へしを、卜傳が之れに加味したと傳へられてゐる。

彼の實戰に最も有効なる、

「十文字の槍」

は確に尙勝の創意である。尙勝は大永四年、鹿島義幹との戰ひに、高間ヶ原にて討死した、

享年五十七歳であつたと言ふ。

松本備前守に訓練を受けしものに、塚原卜傳、上泉秀綱、有馬乾信などがある。其の他にも多數の劍士があつたが、元來鹿島流は、神の示顯であるとし、人を重んじなかつた爲、之れに學んで上達すると、各自勝手に獨立し、種々流名を名乘つたらしい。（後章江戸時代參照）

◇小田流

小田流の始祖、小田讃岐守孝朝は、常陸小田郡小田の城主であつた。孝朝の父を治久と言ひ先祖は八田知家から起り、中條家とは通家である。小田治久は北條氏に屬し、南軍に抗し、北條高時亡びて後降を乞ひ、舊領常陸の小田を復した。

北條尊氏に從ひ、新田義貞と爭つたが、應永二十二年に病死した。孝朝、幼より刀槍の法に秀で、常陸の蘆男山日神社に祈願し一流を立て、小田流と稱した。後世小田機變流と云ふ一派があるが、其の流祖である。

孝朝の子治朝、其の子持家、共に鎌倉の北條持氏に寵せられ、關東八館の一家と呼ばれた。子孫代々其の職を繼いだが、氏治に至つて兵を起し、遂に太田三樂の爲に城を逐はれ、後土浦の城にて佐竹義宣の爲に攻められ自刄した。

◇京　流

京流は鞍馬流とも稱し、源義家が、鞍馬山にて修行し神妙の劍法に達せし流れを酌みしものにて、山本勘助が最も有名である。勘助は諸國を修行し、後甲州に至り武田信玄に仕官し、足輕大將となり、武道指南に當つたが、元來勘助は、文武兩道に長じ、武具要說、並に百目錄等を書いて、信玄に奉つた。

當時の文献に

「山本勘助文武ニ長ジ六韜三略ニ通ジ軍將タルノ人像ナリ、初メ今川義元ニ仕ヘントシ義元ニ謁見シタルニ、義元勘助ノ容貌甚ダ醜クカリシヲ見テ（ビツコ、片眼）輕侮ノ狀アリ勘助怒リテ去リ後武田信玄ニ重用セラル。」

とある。

又曰く京流は、鬼一法眼が、鞍馬の僧八人に傳へし、劍流の一つである。然し確たる文献なく、唯京流の劍士に、山本勘助、古岡憲法、荒井治部少輔、方波見備前等有名である。

文献によれば、吉岡憲法は、室町の師範となり、俗に兵法所と言はれた、代々足利将軍に仕へ武を以つて家憲となした、吉岡直賢の代に至り子二人あり、兄を源左衞門直綱、弟を又市郎直重といつた。宮本武藏と立合つたのは兄源左衞門である。共に秀れたる武藝者であつた。又曰く源義經が鞍馬に於て劍を學び、其の門下に俊乘坊重源あり、其の弟子に達人八人あつた、之れが各門戶を張り世に鞍馬八流と稱せられたと。

齋藤判官傳鬼坊は、京都に於て妙技を天覽に供し、賞嘆の御勅を賜り有名である。居合で高名を馳せしは、奥州の林崎勘助重信、中興の祖と稱せられ、槍術では大和の寶藏院流の開祖、寶藏院胤榮、奥州の大內無邊、越前の富田牛生等有名であつた。

◇微塵流

諸岡一羽の門弟、根岸兎角が、恩師に背きて、常州江戶崎を立ち去り、相州小田原に出で、後江戶に門戶を張り、微塵流と稱した。同門の岩間小熊、土子泥之助は師の怨みを晴さんと兎角を探し求め、遂に小熊は兎角と江戶常盤橋に於て鎬を削り、小熊は兎角を濠の中に突落して勝利を得たが、其の門人に謀られ浴室に於て斬殺された。

其の後兎角は江戸を去り、關西にて變名し、微塵流を鳴らした形跡がある。

◇神　影　流

神影流は、新蔭流上泉秀綱の高弟奥山休賀齋公重の創唱したるもの、休賀齋は三河の出身にて上泉秀綱上州にありし頃より其の門に學び、東國唯一の高足とさへ言はれた。其の後諸國を修業し歸國し、奥の山明神に參籠し、夢に太刀の極意を授けられ、依つて神影流と稱した。姉川の合戰に戰功を立て、後徳川家康の武道師範を勤めた。

◇自　源　流（示現流）

常陸國十瀨、奥三右衞門長宗なる者、同國梶取明神に參籠し、武法の奥義を得ん事を祈願し、遂に神授を得更に修業を積み、天眞正自顯流と稱した。金子新九郎盛貞、傳を受け更に赤阪彌九郎に傳へた。彌九郎は十九歳の時人を害し、出家して曹洞宗の門に入り、善吉と改めて京都天寧寺に住した。東鄕肥前守重位藤兵衞、之の善吉に傳を受け、島津家の師範となつたが、島津家は歷代一藩一流で廢藩まで通した。

第十章　室町時代總論

室町時代は、劍道勃興時代劍道普及時代である。即ち當時代は戰鬪が激烈となり、武士のみにては軍兵不足し、農商よりも從軍兵を採用した、之れ一般に武道が普及されたる一原因である。又戰亂相次ぎ天下騷然として安寧を缺き、武人以外の庶民に至るまで、自衞上劍道を修錬せねばならなかつた。之れ劍道が俄然勃興し、劍道が普遍したる最大なる素因である。

劍道史上より論ずれば、定に之れ結構なるのみならず、劍道が時代の要求上、槍、組討等と併せて修練され、而かも弓矢、並に鐵砲さへ加はりし戰鬪實相の中に、斷然劍の力が最後の止めを刺すの眞價を發揮したるは、大に劍の生命を實社會に顯揚したりと言ふべきである。

然るに茲に大に嘆ずべきは、武士道の頽廢、皇道精神の缺如である。鎌倉時代に於て、折角萠芽したる武士道は、相次ぐ戰亂に蹂躪され、皇道精神の缺如は、遂に南北朝を見るに至り皇國史上一大波瀾を生ぜしめた。

敢て曰、日本精神の大本に汚點を印しつゝ、如何に武道が勃興し、如何に劍法が發達したればとて、何ぞ喜ばしき。寧ろ野盜の大足のみ。然れども楠公の如き忠臣顯れ、織田、豐臣の如き人物生れ、肇國以來の大乘日本精神は陰に陽に息吹いてゐたのであつた。さればこそ當代に於て勃興したる武道は、益々發展を辿りつゝ、後期に見送つたのであつた。

註一　日本刀の本質問題

足利の初期、即ち義滿時代は、日本刀本質の分水嶺とも言ふべき期であつた。即ち建武以降は、名工少く、全國各地に刀工の繁榮を見たるも、戰亂の世に需要さるゝ、粗製濫造を以つてし、眞の名匠は雨夜の星であつた。

筑前の金剛兵衞、豐後の高田一門、越中の宇多物、加賀の友重、眞景、若州の冬廣、越前の千代鶴、淺古常麻一門、越後の山村正信桃川長吉、美濃の關一門、山城の平安城物、備前の兼光、盛光、康光、勝光、家助、經家、山城の源左衞門尉信國等があつたが、其の技術は漸落の止むなきに至り、而かも應永年間兼滿以後、徳川初期に至る間は、應仁の大亂に次いで元龜天正の戰國時代となり、粗製濫造益々甚しく、刀劍史上、一大痛恨事を現出した。

而して茲に銘記すべきは、日本刀鍛冶の本質の問題である。應永以前の鍛冶には、其の材料たる鑄鋼は、刀工自ら鑛を碎き、砂鐵を吹き分け、種々苦心慘澹して良材を獲得したのであつたが、世が粗製濫造を必要とせし時流に應じ、玆に材料屋と言ふものが生じた。即ち質の良否を顧ず、鐵山より採鑛し、鋼のみを製し、之を市に賣り步いた。

刀工は、之れを求むれば自ら一刀二刀の少量を苦心して選擇する煩を省き、直ちに多量の製刀が出來るので、滔々皆之れに走つた。世に之れを數打物と言つた。而し中には、其の弊風を嘆き、自ら鑄工鍛冶した良工もあつた、備前の與三左衛門祐定、彥兵衛尉祐定、美濃の和泉守兼定、孫六兼元、若狹守氏房等名匠であつたが、而かも前期の比ではない。

第六篇　近　世

（江戸時代）

第一章　武道は武士の專有

室町時代、應仁の亂後、崩壞亂雜せる社會を統一したるは、織田信長、豐臣秀吉であつた。德川家康は之れを繼承し、所謂二百五十年に亘る、武家專制時代の礎を立てた。秀吉は社會秩序を維持する上に、階級制度を執つたが、家康も亦、無政府狀態なりし戰國時代の風習を一掃する爲、封建的なる階級制度を確立し、上下共の分を守らしめ、嚴に分を超ゆるを戒しめた。其の階級は所謂、士農工商であり、即ち、公卿、武士、百姓、町人であつた。而して武道は武士階級の專有する特權となし、社會の華と謠はしめた。

室町時代に於ては、其の章に記述せしが如く、社會騷擾時代に適應すべく、武士のみならず庶民一般、帶刀し武法を修めて身を守り、世に處したが、德川時代に於ては、世は太平となり且政策上嚴に武士以外の者に、劍道を學び、帶刀するを禁じた。

又、朝廷を初め公卿に對しても、武藝の奬勵を好まず、窃に監視の眼を光らせてゐた程であつた。

（寛文八年三月十五日、將軍家綱は、町人の帶刀禁止令を出した。但し旅行又は儀式の際は、一尺八寸一刀を許した。續いて寛文十年、帶刀寸尺に關する令が出た。大は二尺八寸九分小は一尺八寸を限度とした）

而して獨り劍道のみならず、軍學、兵法は勿論、槍術、弓馬、柔術、水泳等に至るまで、確たる制限をした。即ち軍學、兵法の如きは、之れを最高學として、大將格、大名等が修むるものとし、劍槍は之れに次ぎ、弓矢、鐵砲等は更に之れに次ぎ、捕手の如きは最下級の武士が學ぶ風習となつた。

（但し德川幕府の極く初期、並に極く末期は、階級制度確立を缺き、士分以外の者も武道を學んだ）

斯くの如く德川幕府は、社會階級を嚴にし、武道に對しては、特に嚴重なる制限を以つて、公家及び庶民に望んだが、同時に、武道其のものに對しても、又嚴格なる束縛を以つてしたのであつた。

即ち鎖國秘密主義を第一の政策とし、他藩との交通を禁じ、武者修行に制限を加へ、他流試合を許さず、其の傳授の方法に就ても、次第階級が確立された。次第階級は、其の教授者によりて、種々あつたが、目錄、免許、皆傳を中心として數段に分れ、差等、區別を嚴格にした。而して其の傳授の方式にも、階級的色彩を濃厚にし、師弟の關係、高弟、末弟の間柄等は嚴然たる別あり、又武道の流名を尊重し、師系を重んじ、秘事口傳の眞髓は、神聖瀆すべからずとなした。

此等の風潮は、職業世襲となり、師弟相承父子傳統の風を生じ、一面より見れば寔に之れ日本精神の顯彰として、大に譽むべき美點であるが、之れを反面より見れば、武道を萎縮せしめ劍道の大精神たる大乘的沒我精神を消失せしめた事となる。

次は戰國時代の、兵法式の劍道型を破りて、華法劍術となした。即ち兵法式劍道は、實戰を體驗し更に理論を加へたるものであるが、其の型は、具足と素肌と兩様であつた。本時代に入つて、實戰は殆んどなく、諸流は擧つて、素肌向きの劍法となつた。即ち幕府の師範、柳生流に於ては、江戸では、柳生十兵衛三嚴、尾州藩では、柳生利嚴、一刀流では、小野治郎右衛門忠明、忠於に亘り、改新を重ね、段々實用より遠かるに至つた。而して此の時分より、足利時代の特徴たる、刀槍組討の一元法を、刀、槍、組討の各分科に分ちて教授した。

而し中には、戰國時代の遺風を慕つて、實戰的劍法をなすものもあつた。然るに泰平打ち續くに從ひ、眞劍勝負は勿論、竹刀でも他流試合を禁ずるに至つたので、同流でも眞面自なる試合を爲さず、眞の鍛錬を怠り、唯形式のみ華やかなる劍法となつた。即ち世に之れを華法劍術と稱した。

(偶には竹內流の如く小具足と稱し、超然として組討、捕手術を加へ、一元的劍道を指南してゐたものもあつた)

(備考一)

德川禁令考——天保十四卯年六月十八日

「武術師範之者町人えは教授無用之御書付」

大目付え

越前守殿御渡

町人共從來其產業を守、武術稽古等不ㇾ致筈に候處、當時世上、武備盛に被行候に隨ひ町人共之内、稽古致候ものも有之師範のものも、中には其望に任せ、町人共え教授致し、免許目録など差遣候向も有之趣相聞、如何之事に候、向後武術師範之もの町人共えは其道を教授致し候儀、一切可レ為二無用一候

右之趣向々え可レ被レ達候

六月

…………………

…………………

（備考二）

…………………

…………………

南紀徳川史に

一、武術の上に於て、往昔は適宜の良法たりしも、後世大に弊害を感ぜしものあり。國初當座は、戰國割據の餘習、秘法密技の漏泄を懼れ、專ら秘密主義（御流儀御注意一子相傳口傳抔云ふ）を取り開放進取の法を禁ず、此制深く人心に固結苟も流派を異にすれば、例へ同藩

同體と雖も藝事の沙汰言辭にも出さず、他流試合抔思ひもよらず、況んや國外廣く名師を求め、又は他藩に交際飽迄練磨講究なさんとする者おや、唯子々孫々自國に屏居自流をのみ自負尊信して頑益頑なり、軍學、軍法、法家あれども、嘉永癸己亞國渡來に至るまで嘗て、隊伍、練兵之事なく砲術十四家あれ共一つも銃隊訓練の用をなさゞりしは、全く秘密主義の結果といはざるを不得、嘉永六年秘事の禁解されしも、時機既に遲し、然と雖練兵のなかりしは、獨り前記のみに拘らず、幕府の制度に牽束せられしを以て諸侯の國、もし軍費を檢し練兵等なせば、大に嫌疑を蒙る、彼の龍祖が鯨船を操縱海軍演習に擬せられし時の如く、又天保十二三年の比、水戸源烈公の千波原に於て、甲冑著用追鳥狩を催されしが、後日の難となりしが如し、是等の事追思し來れば、唯怪訝の至りと判ずべき次第なれども、時に在ての形勢事實は全くかくのさまにて勢ひ止むを得ざりしなり」

第二章　江戸時代五區分と武道史の曲折

江戸時代に於ける、武道史の大要は前述の如くなるが、更に之れを時代變遷に應じ、五區分し、文献を主として詳述する事とする。即ち

第一期。家康より家光まで
第二期。家綱より家繼まで
第三期。吉宗より家治まで
第四期。乃至
第五期。家齊より幕末まで

第一期は戰國時代の武風未だ去りやらず、世は太平に復し乍ら、一脈戰塵の辛苦を忘れず、武道は將軍家自ら率先して、奬勵の範を垂れたる時代である。

家康は柳生宗嚴、其の子宗矩を重用し、師範として迎へ、將軍御流儀を成さしめしは、人のよく知る所である。將軍家既に然り、諸藩に於も、御三家を始め、大名小名に至るまで、之れに倣ひ武道を重んじ、藩主自ら、熱烈なる修行者であつた。

三代將軍家光は、斯る時代に生れ、幼少より武法を嗜み、柳生宗矩に劍道を學び、上達速かにして太刀の筋もよかつた。餘りに出來過ぎたる爲、辻斬りに出たといふ噂も立つた程で、恒に自ら劍法の範を垂れ、且屢々劍槍其の他の名人を諸藩より召して、御前試合をなさしめ、武道の奬勵と士氣の振興に務めた。

慶安四年正月、家光は、病に罹り、將軍職を家綱に讓り、政務は一切見なかつたが、武道は益々愛好し、各藩の名士を招いて、其の奧義を賞覽した、其の重なるものを擧ぐれば、

二月二十四日

槍術御覽

大番頭　池田帶刀長賢

持筒頭　坪内半三郎定次

先手頭　久世三四郎廣常

小十人頭　渡邊孫助久次

小十人頭　細井佐次右衞門勝成

船手頭　溝口半左右衞門重長

船手頭　柳生內膳宗冬

小姓頭　小栗仁右衞門信由

小姓頭　堀重兵衞利重

小姓頭　溝口市右衞門重直

小姓頭　山本六右衞門邑綱
書院番　近藤登之助貞用
書院番　溝口源三郎
中奥番　松平治郎兵衞淸行
中奥番　富長孫左衞門師勝
中奥番　溝口新左衞門常勝
新　番　梶新左衞門正直

二月二十六日

槍　術

越後國處士　山本嘉兵衞久茂の無邊流槍術を黑木書院に於て。
大番頭　池田帶刀長賢
先手頭　久世三四郞廣常
書院番組頭　岡野權右衞英明
持筒頭　坪內半三郞定次

持弓頭　　兼松又四郎正尾
　以上奥の座所に於て御覽。
三月二日
柳生宗多の劍道
三月六日
　座所にて御覽
紀州藩　　木村助九郎の劍
同　　　　田宮平兵衞の居合
三月十五日
諸藩に命じ、家士にて槍術に達したる者の姓名を詳記して差出さしむ。
三月十八日
　座所にて御覽
水戸藩一刀流　　伊藤孫兵衞
同門人　　　　木内案左衞門の劍

三月二十四日

永井信濃守家士　山崎兵左衞門、同源太郎、同桂四郎左衞門の劍

藤堂高次家士　內海六左衞門、澤田甚左衞門の槍術を座所にて御覽

三月二十五日

仙臺藩　松林左馬之助の劍

座所に御覽

四月五日

尾州藩　柳生兵庫が息子茂左衞門、蓮也齊兵助の劍

柳生宗冬と兵助との劍道試合

四月十一日

小倉藩士　高田又兵衞、其の子齊宮、並に門生和光寺七兵衞の槍術

續いて、紀州藩關口柔心、一刀流の正統、井藤平右衞門忠雄及び其の弟、根來八九郎重明等の劍法を見るべく命令してあつたが、重態に陷り、二十日薨去した。

第二期は即ち、幕政稍弛みし時代である。干戈元和にをさまり、人心全く太平の夢に醉ひ、

安逸華美に日を送り、武法は遂に一種の裝飾化したる時代である。

然れども、豪華文弱時代にも、赤穗義士の如き、武士道の輝々たるものあり、又時代の潮流に押され乍らも、紀州、名古屋藩の如きは、藩主自ら武藝を勵み、範を垂れ、士氣鼓舞に怠らず、平時にあつて、軍備武備に心を用ひてゐた。これは武道奬勵を怠り乍らも、文敎を隆んならしめた幕府の政策と相俟て、從來の武道敎育の殘火が斯くあらしめたものと言へやう。

正德年間、井澤蟠龍子著「武士訓」に

「……劍術を敎ゆるもの、小さき竹刀をこしらへ、敵と間をへだてゝ、間合をうつと云ひ、せゝりを存すといふことあり、眞劍にてさやうに、こまかなることあるものにあらず、たとへ仕合よくて一二寸きりたればとて、ものゝかずとせんや、いはんや甲冑を着、着込をかさねたるものは、すこしもきずつくべからず、こゝろあらん人は、かかるつたなき術をならふべからず」

と皮肉くり、又「柔術大成錄」には、

「今時ノ仕合ト云フヲ見レバ、追鎗ヲ以テ鎗合ノ眞似ヲシテ見タリ、革刀木刀ヲ以テ太刀打ノ眞似ヲシテ見タリシテ、其間ニ聊カノ當リ外レヲ爭ヒ其ノ勝負ヲ分テ、ソレニテ實ノ勝負ノ試シガ、スムト心得テ居也能々考ヘ見レバソレハ唯、ワズカノ手傷吟味ノヤウナルモノニテ、實々生死決斷ノ場ハ今一段モ二段モアルコトナリ如此僉議シテ見レバ、今時ノ人ノスル仕合ト云フモノハ畢竟遊事同前ナルコトニテ……」

と喝破してゐる、よく當時の劍術をうがち得て、至極妙なりと言ふべきである。

第三期は、八代將軍吉宗の、武道復興時代である。吉宗は綱吉以來、文弱奢侈に流れし風潮を慨き、家康の執りたる文武兩道の奬勵に則り、勤儉尙武第一主義に政策を革めた。勿論文敎方面も自ら勉勵した。

吉宗は、前將軍綱吉時代に、殺生禁斷せしを復し、下總國小金ケ原に大規模なる狩獵を催し大に士氣を鼓舞し、或は柳生流、小野派一刀流の劍法を、數々黑木書院、白木書院等に催し、槍術に於ては、山本流、寶藏院流等の試合を行はしめ、武道奬勵の範を垂れた。又旗本の士をして、水練、馬術を習はしめ、弓馬を奬勵し、自ら弓場を吹上苑內に設け修練する外、草鹿、圓物、笠懸、流鏑馬等の式を再興する等、大童に武道復興に腐心した。

上の爲す所、下之れに倣ひ、近侍は勿論、旗本、各藩の諸士に至るまで、大に武事に精勵するに至り、忽にして文事よりも武藝の流行を見、武藝の向上と共に士氣大に振ひ、勤儉剛毅の美風生ずるに至つた。

「御實紀」に曰く

御家人等太平になれて、武藝におこたらむことをなげかせ給ひ、ひたすら講武の事を沙汰せられける。享保十一年九月朔日、柳生但馬守俊方が劍術を御覽あり、やがて常の御座所に召されて時服を賜り、家の藝よく傳へたりと賞美せらる。此日但馬守よりも鮮鯛を進上して謝し奉る。同月十九日持弓頭、小野次郎右衞門忠一、家の劍術を傳へて堪能なる由聞召、其の業を臺覽ありて時服を賜ふ。後土岐大學頭朝澄、鈴木忠左衞門之房を其弟子となさる。また拳法は岡村彌平直時、秦直左衞門武善などを、敎師にせられてはげまされければ、いくほどもなく武藝に達せしもの多くなりたり。其頃一藝一能ある處士共は、をのが口を糊する時至れりと悅び、所々に敎場を開きしきりに古禮をとなへ、又異風なる事を傳へたり。中に講武の一助ともなるべきものは、地所を恩借ありて講習せしめらる、三宅伴左衞門といへるものは、昌平坂の下にて射術の敎場を下され、正木彌九郎といへるものも、神樂坂下にて地處を恩貸せられぬ、然るに年を逐て武事盛んに行はれ、技藝のすぐれし御家人多く出できしかば、彼の異風を好み世にてらひたる處士等は、日あらずして次第にうせけるとなむ」

とある。以つて當時の世態一片を知る事が出來やう。

斯くして、吉宗の武法奬勵により、世態は一變して、質素剛毅の士風復興したるが、こは一時的の現象に過ぎずして、吉宗歿後、安永天明に至りては、世は擧つて又吉宗以前に歸り、滔々として華美浮薄に流れ、殊に田沼意次、意知專横を極め、幕政は衰へ武道の頽廢極めて甚しき時代となつた。

暴戻を極めし、田沼意知が、天明四年三月二十四日、佐野善右衞門政言の爲、殿中に於て殺害せられし際、之を目擊したる面々は、周章狼狽、其の爲す所を知らず、右往左往に逃げかく卑怯千萬の醜體を演じた。

「甲子夜話」に實見者の談として

「初め佐野が切付けしを遙に對馬守見るより袴のそばを挾み乍ら、徐々に佐野が後ろに來りて、是は善左亂心かと聲を掛しに、佐野は尙も焦つて切込刀に、山城守意知息絶えたる樣子を見ると、對馬守急に善左衞門に組付たりしに、佐野は血氣の壯年、對馬守は六十三歲の老人なりしに、佐野は押えられて少しも動かざりしは、流石享保仕込の士なりと諸人今更の如く感心せりと。又山城守（意知）の息絶えるまで、組付かざりしは何れにしても深手なれば山城守（意知）命覺束なければ、頓に死を賜る善左衞門の事なり、十分にしおふせたるを見するは、武士の情にて彼の淺野吉良の梶川が仕方とは、格別なり、是も享保仕込の爲なるべしと人々申合へり」

と記述してゐる。之の一事を以つて、享保、吉宗時代の武道を賞揚するに足り、又元祿時代天明初代の、士道頽廢を物語るに充分である。

第四期乃至第五期は、十一代將軍家齊より幕末まで一括したれども、此の期を細別すれば更に、數期に分るを免る事は出來ない。天明七年六月、松平定信、特命を受け白河藩より、老中首座に任ぜらるゝや、先づ以つて、即日（六月十九日）次の如き幕令を下した。

一、萬石以下末々に至迄常に分限に應じて、可ㇾ成程は儉約を用ひ、勝手向取亂不ㇾ申、御奉公出精相勤專要に候、儉約相用ひ候迚、知行高相應の人馬武藝等不ㇾ相嗜ㇾ義は有之間敷候、武道、文道、忠孝は前々御條目第一に候得ば、別而心掛可申義に候、若き面々は平日武藝も隨分出精可致候、亂舞其外は畢竟慰めの筋に候へば、程能相用ひ可然候、專らに致し候而は自然に武道薄く可ㇾ相成ㇾ候間其心を用ひ候樣可致候

右之通被ㇾ仰出ㇾ候間無ㇾ怠慢ㇾ可ㇾ被心掛候

而して文武の道に、特に精勵するもの、又は武藝に、免許、目錄等を得、指南等致し居る者等の名前、年齡、流派等を書き出さしめ是等に對し特に賞揚の方法を取つた。

一方、小金ヶ原の狩獵を再興し、流鏑馬等の式を與し、乘馬、弓術、水泳、角力等を上覽するを初め、大番頭以下番士に至るまで、其の武藝を閱する等、至らざるなき武道精勵の指導をなした。

「世の中に蚊程うるさきものはなし
　　文武文武と夜も寢られず」

とは當時を風刺したる、蜀山人の狂歌である。

斯く武道激勵の波に乘つて、地方より江戶に上り、門戶を張り武藝指南をなすもの日に多く劍道に於ては、戶賀崎熊太郞、神道無念流を以つて、柳生の兵法を凌ぎ、砲術、柔術等、錚々たる師範者、幕府の指南者と肩を並べ、兩者相競ふて武道の昂揚をなし、爲に勃然として士風起り、定信執政以前とは隔世の感あらしむるに至つた。

「德川十五代史」に

「……天明ノ初メニ至リテハ士民ノ遊惰奢侈甚シク、諸藩士ノ宿直ヨリ退ク者、槍挾箱ナドヲバ従僕ニ荷ハセ其宅ニ返シ、一同ニ袂ヲ連ネテ遊里ニ赴クヲ常トス、又其自宅ニ會合スルモノハ皆下方ノ學ビヲナシ、歌舞伎、狂言師、又ハ藝者女ヲ友トシテ、淫樂スル事ヲ恥トセズ、武家ノ作法、町人野郎ニヒトシク男女ノ間ノ猥リカハシキ樣實ニ言フベカラザル悪風ニシテ、文武廉節ノ地ヲ拂ヒタル世態ナリシヲ、定信ノ出ヅルニ及ンデ悉ク之ヲ改革シ、老壯子弟ヲイハズ皆俄カニ學問武藝ヲ勵マシテ、更生人ノ如クナセシコトハ、其世ノ記錄ニ見エテ誠ニ目覺シキコト也キ。然共コレハ近ク尋常人ノ聞見ニ接セシ處ニシテ、其ノ遠大ノ謀、永久ノ慮ニ至リテハ又傭人ノ窺及ブ所ニ非ズト云フベシ」

とあるは、其の眞相を穿ちて餘りなしと言ふべきである。

次で本期中の最も腐敗したる時代、否、江戸時代全體を通じて、最も士道頽廢人心糜爛したる時代が來た。

即ち定信は寛政五年七月、將軍補佐の役を退き、其後も多少幕政を後見したが、世は滔々たる泰平の逸樂を欲し、定信時代の成規に從ひ、武藝の奬勵士道維持に汲々たる政府の努力に反比例し、唯々一途、文弱淫靡に奔流したのである。

享和二年五月、幕府は次の如き指令を出した。

「近來武術免許の旨申立候面々之內修行年數無之ものも、未だ年若なるも有之候、上達の遲速は性質の器用又は修業の次第にもより候事にて、あながち年數にも拘はるまじき筋には候得共、少しも早く免許を得申度抔存違、未熟に而も競望いたし、師範のものも無餘儀傳授に及候樣なる儀に有之候ては、一體の風儀にも拘はり不宜事に候間、師弟共に心得違無之樣可致旨、頭支配より敎諭可被致事」

之れを見ても、當時の武法なるものが、如何に形式に奔り、名實相伴はざる裝飾劍術と化したかを知る事が出來る。然かのみならず當時川路聖漠なる者あり、聖漠は之の腐敗したる時代にも超然として、士風を守り劍の道を修め、文政元年十九歲にして、支配勘定出役に採用され文政六年勘定留役に登用されし人材なるが、聖漠若年の頃、綿服を着し、裾高に袴をはき、竹刀を携へ、劍客、槍士の門に出入するを、同年輩のものどもは、彼は奇を好み、世をすねる變り者と嘲り、且つ注告して曰く

「足下近頃武藝をなすと聞く、これ甚だ足下の爲に惜むなり、萬一酒を飮みしが故、若し誤つて負傷するも、人これを一笑に附して怪しまざるべし、されど武術の爲め自身體を毀損することあらば、足下を誹る者多く、終には足下の位置も危きに到らむ、よく〱注意せよ」

と、眞面目に申したる一事を見ても、當時世相の全般を察するに餘りある。

斯くして、文化文政時代は、江戸時代中、否我が武道史上全般を通じて、最も士道衰頽人心浮華、奢侈淫時代であつた。

然るに世の中は、實に不思議なる程、面白きものである、何事によらず徹底的に行きつまれば、又自ら光明は開くものである、斯く武道が、根底より腐敗し、士氣全 行き詰りたる表面現象の裏には、徐々に日本精神が、動き初めてゐたるを見逃してはならない。即ち一つは鎖國以來脈々たる大和民族の血潮が、恒に血管の何處かに流れてゐたる爲であり、一つは、外國が窃に我が國をねらひ初めたる國難襲來の爲である。

之れより先彼の林子平は世に騷がれ、子平を壓迫しても、幕府は魯西亞、英吉利の侵犯行爲をどうする事も出來なかつた。俄に周章して、武備の必要を感じ、武法の奬勵を爲すに至り、やつと太平の夢が覺めかけたのである。

忽ちにして諸藩は、之れに倣ひ、寶暦二年肥後藩先づ、武藝演習所を創設して、劍法居合術、馬術、薙刀、槍術、砲術、射術、軍學、柔術、棒術等を激勵し、安永二年鹿兒島藩、演武館を新設し、弓馬、刀槍、柔術を敎授し、寛政四年、金澤藩は、隆武館を建て、同じく劍法、槍術、馬術、弓術、柔術、居合、組打、軍學等を課したる外、佐倉藩も演武所を設け、文化年間には仙臺藩、養賢堂に學事を奬勵すると共に、兵學、劍法、槍術を兼修せしめ、和田藩亦明德館に演武場を設け、文政年間に至り、津藩、有造館を創立し別に二十八ヶ所に、演武場を設けた。

次で天保年間頃に至りては、幕府の文武奬勵と、外國の折衝頻發するに促勵され、武事は益々衝擊を受けて奮起するに至り、天保九年、水戶藩主德川齊昭、弘道館を建設し、文武兩道を激勵せしは、餘りにも人のよく知る所である。

而かも齊昭は、武法が徒らに流派別なる弊を矯めん爲、之れを統合し協力せしめ、自らも常山流と云ふ薙刀を創立し、砲術に神發流を起し、率先武道を激勵せし爲、忽ち士氣昂り、遂に藤田東湖の正氣の歌をなさしむるに至つた。

其の他、佐賀藩、名古屋藩、和歌山藩、廣島藩、山口藩、鳥取藩等相次いで武道昂揚に努力し、安政三年、遲れ走せ乍ら、幕府は遂に講武所を創設するに至つた。

彼の嘉永六年、浦賀に米艦來ありて以來、獨り幕府、諸藩の要路者のみならず、志士相次いで起ち、上下心を虛ふして驚愕、緊褌するに至り、武道は茲に眞劍に普及さるゝに至つた。

第三章　武士道の確立

江戸時代に於ける、最も大なる特徴は、武士道の確立といふ事である。由來武士道なるものは、武を爲す者の道であつて、武を以つて立つ我が國民の、代表的道德である。即ち單に武藝者のみの道でなく、建國の大精神たる

「皇統を絕對尊崇し」

「祖先を崇敬し」

「恩義を忘れず（小乘的忠）」

「師長を敬ひ」

「武勇を尙び剛毅淸廉を生命とし」

等々を以つて、大乘的精神を旺盛ならしめ、皇運を扶翼し奉るのが大眼目である。

然るに紀元以來、武士道なるものは、僅に一部の武人を除くの外、多くは其の環境の爲に、意義と方法を誤り、

「源氏平氏の如く、單に權勢爭奪の具となし」

「皇道の大を顧る暇なく、小乘的なる忠に沒頭し」

「武力萬能、武辨一片」

と化しては、兄弟、師弟と雖相討ち相戮して、以つて恬然たる時代さへあつた。之れ我が國武道史上、最も悲しむべき一大痛恨事と言はざるを得ない。

然るに鎌倉時代に發生したる、武士道の萠芽は、建國以來脈々として流るゝ我が國民性に一大衝動を與へ、武士道に加ふるに、更に禪道を以てし、人間としての大道德を成した。

然るに足利時代より、戰國時代に至りては、折角萠芽したる武士道は、根底より破壞され、懼れ多くも
「大は皇統尊崇の大義を忘れ」

「小は內に顧みて人間道德」

を爲すの遑なからしめた。安土、桃山時代に至り、武士道は漸次回復し來つたが、而かも尙戰亂に追はれ、見るべき程も無かつた。

然るに江戶時代に至り、世は泰平となり、加ふるに文武兩道の奬勵政策を取つた爲、從來の宗敎に更に儒敎を加へ、之れに武道を織り成し、戰亂沒入の武人に麗しき血と肉を盛つた。即

ち從來の劍道が、抜法の上達のみを念とし、强からん爲の强きに失し、殺伐粗野に流れしを、之れに深みと厚み、精神と理想とを與へ、武士の修養道とした。而かも之れを日當の起居動作たる實踐道德に導き、劍は武士の魂として、常に身邊を離さず且、

「武士は喰はねど高揚子」

の意氣を示し、儀禮、諸式を嚴に、庶民の範となつた。

宮本武藏著。五輪の書中。

「一、兵法心持ノ事

兵法ノ道ニオイテ心ノ持樣ハ常ノ心ニカハル事ナカレ、常ニモ兵法ノ時ニモ、少シモカハラズシテ心ヲ廣ク直ニシ、キツクヒツパラズ少モタルマズ、心ノカタヨラヌヨウニ心ヲ眞中ニ置テ心ヲ靜カニユルガセテ、其ユルギノ刹那モユルギヤマヌヤウニ能々吟味スベシ、靜ナルトキモ心ハ靜カナラズ、如何ニ疾キ時モ心ハ少モハヤカラズ、心ハ體ニツレズ體ハ心ニツレズ、心ニ用心シテ身ニハ用心セズ、心ノ足ラヌコトナクシテ心ヲ少モ餘ラセズ、上ノ心ハヨワクトモ底ノ心ヲツヨク、心ヲ人ニ見ラレザルヤウニシテ、小身ナルモノハ心ニ大イ成事ヲ殘ラズ知リ、大身ナルモノハ心ニ小キコトヲヨク知リテ、大身モ小身モ心ヲ

直ニシテ我身ノ勝負ヲセザル様ニ心持チ肝要ナリ、心ノ中濁ラズ廣クシテヒロキ處ヘ智惠ヲ置ベキナリ、智惠モ心モヒタト研クコト專ラナリ、智惠ヲ磨キ天下ノ理非ヲワキマヘ物事ノ善惡ヲ知リ、萬ノ藝能其ノ道ニワタリ、世間ノ人ニ少モダマサレザル樣ニシテ、後兵法ノ智惠成ルナリ、兵法ノ智惠ニ於テ取分ケチガフ事アル物ナリ、職ノ場萬事セワシキ時ナリトモ兵法ノ道理ヲ極メ動キナキ心能々吟味スベシ」

とあり、從來の教訓には、見られぬ深みである。

又之れを劍法の上より見るに、同じく宮本武藏著、不動智神妙錄に

「……不動明王ト申モ人ノ一心ノ動カヌ所ヲ申候、我心動轉セヌトハ物ニ心ヲ止メヌコトナリ、物ニ心ヲ止ムレバ物ニ心ヲ取ラレ候、物每ニ止ムル心ヲ動クト申候、物ヲ一目見テモ心ヲ留ヌヲ不動ト申候、何故ナレバ物ニ心ヲ留ムレバ色々の分別ガ胸ニ候ヒテ心色々ニ動キ候、止マレバ動キ、止マラヌ心ハ動キテ而モ動カザルニテ候、假令ヘ十人ニシテ一太刀ヅヽ太刀ヲ入ルヽニ、一太刀受流シテ跡ニ心ヲ留メズ跡ヲ捨テ跡ヲ捨テ候ヘバ十人ナガラニ働キヲ缺ケヌニテ候、十人ニ十度心ハ動ケドモ一人ニモ止メズバ、ソレゾレエ取合テ働ヘカケ申マジク候、若シ又一人ノ前ニ心が止マラバ、一人ノ打ツ太刀ヲバ受流スベケレ

ドモ、二人シテノ時ハ手前ノ働が拔ケ申ベク候、千手觀音ニハ手ガ千御入候ニ、弓ヲ用ユル手モアリ、鉾ヲ用ユルモアリ、劍ヲモタルモアリ樣々御入候、若シ弓ヲ取ル手ニ心ガ止マラバ九百九十九ノ手ハ皆用ニ立ツマジク候、一處ニ心ヲ止メヌ故ニ千ノ手ガ一モ缺ケズ用ニ立候、觀音トテ身一ツニ千ノ手ガ何トテアランヤ、不動智ガ開キ候得バ、其身ニ手ガ千アリテモ皆用ニ立ツゾト人ニ示サン爲メニ作ラレタル形ニテ候」

…………

…………

劍術ニテ申ベク候始ハ身モ手モ構ヘモ、何モ知ラヌ者ナレバ、身ニモ心ノ止マル事ナク人ガ打テバ遂ニ取合タル計リニテ何ノ心モナシ、然ル所ニ樣々ノ事ヲ習ヒ、身持太刀取樣、心ノ立所色々ノ事ヲ習ヒヌレバ、色々ノ所ニ心が止マリ、人ヲ打ントスレバ兎ヤ角トシテ返テ人ニ打タレ抔シテ殊ノ外不自由ナリ、如斯不自由ナル事ヲ日ヲ重ネ月ヲ重ネ、稽古スレバ年ヲ經テ身ノ構ヘ太刀ノ取樣モ皆、心ニナクナリテ初ノ何モ知ラヌ何心ナキ時ノ樣ニ成リ申候、是レ始ト終リト同樣ナル心持ニテ候云々」

と、あり、其の透徹したる理論と、法の極致を敎ふるや妙味至極である。

又極端に儒敎と武道とを結びつけ、儒敎の五倫の道を武士の道なりと、鵜呑みする者さへ出で來つた、大化改新後、隋唐摸倣時代の弊を、端なくも再現せんとする危險性さへ見えたが、幸にも達見の士多く、儒敎は其の長を取り短を捨て、我が肇國精神に同化し、武道の糧となしたのであつた。

斯くして本朞の武道は、武士道が根幹となりし爲、高踏的文理的傾向を帶び來り、前述の如く實戰實用を缺き、型劍術となつたのは、又止むを得ずと言はんか。

然り而して、茲に大聲叱呼すべきは、世人の多くは、此の時代の武道界を以つて、眞に武士道は成れりとなすものもあるが、著者は、斯る小乘的武士道の具顯を以つて、滿足するものに非ず、武士道の第一義は前述の如く

「武道を以つて皇運を扶翼し奉る」

べきである。然るに當時の武士は、德川の泰平に醉ひ、徒らに其の治世に甘んじ、眞に國體を念はず、建國以來の大精神を忘れ、實用に遠ざかりし、型劍道、華法劍術を以つて身を立て、家を成し、以つて得々たるものであつた。

然れども、大和民族の血潮は、何時までも濁つてはゐなかつた。所謂小乘的武士道の確立は

從來の武士に、前代末啓の內容と深みを加へ、人間武士を成すと同時に、之れが動脈となり、遂に其の本源たる、皇室尊崇の勃發を生み、眠れる泰平の夢を破り、遂に大乘的武士道と化して德川三百年の天下を、根底より覆すに至つたのである。

第四章　武者修行と劍道の發達並に武者修行と日本精神

武者修行と武道の發達とは、切つても切れぬ關係にあるは云ふまでもない事である。即ち武道の發達が、武者修行を促し、武者修行が亦武道發達を促進したるは、其の時代によりて小異はあれど、大體一般的と見るべきである。室町末期に於ける、塚原卜傳、上泉伊勢守等を初め、多數の劍客が、盛んに武者修行をなしたるは、既述の如くであるが、此の時代の武者修行は、武道の發達が武者修行を促し、武者修行は亦武道の發達を促進したる最もよき例である。

然るに江戶第二期以後に於ける、武者修行は、幕府の禁ずる處となり、表面武者修行を爲す能はず、而も種々名目をかまへ、窃に武者修行するものが相當あつた。この時代の武者修行は僅に各藩に於ける武道の比較研究にはなつたが、武道發達に關係を及ぼす程でなきは勿論であり、其の多くは浪人となりし結果、新たに主人を得んとするもの、又、間者、仇打、罪を免れんとするもの、渡り奉公等が大部分で、甚だしく不純であつたことは、前にも述べた通りである。

而して、幕末に於ける武者修行は、尊王攘夷の聲、喧しく、而かも幕府は、時代の要求に抗し切れず、武者修行の禁を解いたので、天下の志士は、武者修行に名をかり、潜に倒幕の志を走せ、之れが策動に利用したるもの多く、從來の武者修行とは、著しく趣を異にするに至つた。

明治時代に入りては、世相全く一變し、劍道は衰微の一途を辿り、玆に擊劍會なる一種の武者修行團を起し、僅に糊口の資とするに至つたが、其の後幾年も經ずして、武者修行は一躍、國際的となり、而して團體的となり、著しく名實共に變化した。

斯く武者修行は、其の時代々々により、形態、性質共に變遷を見たれば、武者修行を透して劍道發達の狀態を知ると共に、其の時代の世相を窺ふに妙である。殊に武は我が建國、日本精神を代表し、武者修行は日本精神修養、並に日本精神發揚の重要動作とも見るべきものであるから、日本精神と武者修行とは、又切つても切れぬ關係にあり、以下時代を追ふて、之れ等の事情を述べて見よう。

武者修行は、平和的戰鬪行爲である。今日行はれてゐる優勝試合も、一種の武者修行であるが、室町末期から江戸第一期にかけての武者修行は、生命を捨てゝの個人優勝試合であつた。

元來武者修行は、室町の末期、應仁の戰前後に端を發し、其の原因を擧ぐれば

一、社會の狀勢混亂無秩序にて、實力萬能時代であつたこと。

一、從つて鬪爭盛んにして、武藝を磨かねば生存に不利であつたこと。

一、浪人もの續出し、諸國流浪氣分旺盛となり、禪僧の雲水、公家の下向廻國などと相俟つたこと。

等々であつた。この流浪的武道は、其の本格的武者修行の目的たる

一、他流と比較研究し、其の長を執り短を捨て自流の向上に資すること。

一、自流の武道を弘め、武道昂揚に資すること。

等の高踏的修行及び一般的修行たる

一、現在の武法修得程度に滿足せず、更に武者修行により、名ある達人を訪ね、眞劍に試合を望み、我れより優れたる名人に對しては、或は敎へを乞ひ、或は門人となりて、更に修

行を重ねること。

一、流浪に伴ふ困苦缺乏に堪え、心膽を練り體力を鍛ふ。

等々恒に絕えざる積極的戰鬪行爲に依つて武力を向上さす爲であつた。

室町末期より、江戶第一期にかけては、大體（其の項參照）之れ等の目的に添ひて、武者修行は行はれ、社會の情勢をも含み、武道發達に多大の貢献をなしたのである。

當時の修行者の用ひたる武器は、一般に木太刀、棒、眞劍、眞槍の類であつたが、新影流の疋田文五郎の如きは、しないへ（撓）を以つて試合した。（其の項參照）

而してしないへに於ける、試合には、比較的に無事なる者が多かつたが、木太刀、棒、眞劍、眞槍等にて試合をなす場合、敗者は多くは死し、然らざる者と雖、不具者か病者になつて、再び立つ能はざるに至つた。之れを見ても當時の試合は、即ち命がけであり、戰場に於ける戰鬪と差したる變りはないのであつた。

第一線に立ちて、鬪ふ時、大和民族は、生命を鴻毛の輕きに比し、或は義理人情の爲、一身を犧牲にするは厭はぬが、一つの修行の爲に、進んで生命を顧ざる當時の武者修行こそ、又日本民族の華と見るべきである。

大東亞戰爭の今日、强敵米英を擊破し赫々たる武勳を立てつゝある、皇軍將兵は、平素の猛訓練に於て、尊き犧牲を拂ひ、世界比なき武法と、心膽とを獲得したる賜にして、武者修行精神は、脈々として今日と雖若人の胸に波打つてゐるのである。

然るに江戸第二期に至り、世は太平を謳歌し、人心華美浮薄に流れ、武者修行に大影響を及ぼすに至つた。即ち幕府は、他流試合を嚴禁し、同流試合と雖、從來の如き生命に危害ある殺伐なる試合を禁じた。從つて武者修行者が、一氣に勝負を決するが如き眞劍なる試合は、漸次跡を絕つた。而して彼等は、武藝修行を表面の理由とせず多く精神修養の名義にて、廻國するの方法をとるに至つた。

斯くの如き狀態にて、第一期まで隆盛であつた武者修行は、著しく衰微し、時代の推移と共に、生命なき、稽古試合を以て名目のみ保つてゐた。當時武者修行者の用ひたる武器は、勿論眞劍、眞槍等を使用せず革刀、木刀、撓等であり、防具にはタイ捨流の圓座、井蛙流は陣笠、柳生流は試合籠手、直心影流は革具の面頰等を用ひてゐたが、何れも不完全で遊戯に等しきものであつた。

故に此の時代の武者修行は、修行と稱するを得ず、士風衰へ、上下柔弱に流れ、僅かに武法の型を演じ、實用に遠き遊藝的劍法を行つたに過ぎぬ。

されば各藩に於ては、幕府の禁令を楯に、一般に武者修行の來るを欲せず、若し強ひて修行者來りて、試合を望む場合は、試合といふ名義を避け、稽古修行として、今日行はれてゐる、

「三本」

の如きをなしたに過ぎぬ。然し中には、從來の劍氣殘りて、勢ひの赴く所、眞劍試合の如き結果を見るものもあつた。爲に時に紛爭を起したので、立合に當つて一種の起請文の如きものを取替した、即ち

「……稽古磨きの爲の試みとして、立合申候上は勝負の善惡によつて意趣意恨の儀、決して有之まじく候……」の類であつた。

第五期、即ち家齊將軍の晩年に至り、所謂天保の改革となつた。水野忠邦、武事の奬勵につとめ、一時衰微したる武者修行は、再び俄に激增した。而かも露西亞人が、蝦夷の海邊をうかゞひ、英國人が長崎を犯し、嘉永六年には、米人ペルリの來るありて、朝野一時に長夢を破られ、物議騷然、愕然として武事を激勵せざるべからざるに至つた。

依つて幕府多年の主義を破り、和歌山藩では、武術御流儀の秘事の禁を解き、他流との稽古

は勿論・江戸に於て堂々、他流試合を命ずる等、武道界は玆に一變するに至り、從つて武者修行に一大衝動を與へた。

即ち多年、武者修行禁止され、窃に廻國して、他流試合を試みしも、思ふ存分手腕を揮ふ事能はず、欝積したる武者ぶるひが、堰を切つて一時に流出した感があつた。當時長竹刀の創始者、大石進を初め、久留米藩の加藤田新八の武者修行は、餘りに有名にて當世を風靡したる感があつた。

然し乍ら江戸第二期以後の、武者修行衰微時代は勿論、第五期に至り幕府其の禁を解き、武者修行復古したりと雖、眞に武者修行本格的の意義は、遠く往昔に去つて、再び來らずの感があつた。

然るに幕末に至り、尊王攘夷の聲囂々たるに及び、武者修行に名をかり、倒幕の志士、其の策謀に利用したるは前述の如くである。玆に見逃すべからざるは、當時の志士が眞劍に武道を錬磨し生命を賭したる一事である。室町末期といひ、江戸初期といひ、武者修行其のものは、其の本格的意義には觸れてゐたが、當時の社會狀態として、國を思ひ大君を念ずるの士は一人もなかつた。武法は唯武法其のものであり、武者修行は、唯武者修行其のものであつたに過ぎ

ぬ、

武を磨くのも國の爲であり、武者修行を爲すも大君の爲であるといふが如き、大乘的武道精神の志士を見たるは、眞に幕末のみである。而して當時の武者修行は、形こそ變れ大事を前に必死、決死の修行たりしは勿論であつた。

この幕末志士の武者修行と、明治、大正、昭和に於ける、識者が、遠く海外に武者修行したるは、共に國を思ひ、大君を念ずるの、日本精神に出でたるものにて、武者修行の根本精神に於て、大變化あるを檢討せねばならない。

第五章　教習法の完成

武道は一言以つて之れを盡せば、身を守り、敵を倒すの行爲である。それは原始時代に於ては、自ら工夫し、自ら研き、以て其の目的を達したに違ひない。即ち我が國に於ても、神代及び上代に於ては、武道の教習に關する文献は見當らない、然れども當代種々なる事項を綜合すれば其の練習は、前述の如く。

一、相手を要せず、單獨にて刀を振り廻し擊、突等の錬磨をなし、之れにより、太刀筋を正確にし、四肢の運動、早業等の錬成並に呼吸の調整。

二、立木、或は丸木、石像等に向つて之れを爲し、太刀筋、氣力、體力等の錬磨。

等々が關の山であつたらしい。而して平安の末期、地方武士勃興時代より、本格的に錬磨、教習を爲すに至つた事も前述の如くである。然れども當時は、未だ、確たる文獻傳らず、其の精細は知る由なきも、從來劍道の構へが、三段であつたのを、紀元一千七百年頃、源義家が、之れを五段の位に改め、又、追手次郎太夫則高は、九州一の物斬りにて、鎭西八郎爲朝は、之れに劍法を學んで、師則高よりも優れたりと言はれ、或は源義經が、幼時鬼一法眼といふ武藝者に、鞍馬山、僧正ケ谷に於て、兵法、劍技を學び、其の妙を得たと傳へられ、又平家物語に筒井淨妙、越中住人入善小太郎行家、宮侍長兵衛尉信連、薩摩守忠度等が、大に劍技を研き、名手となりし等の記事あり、義經の劍道を受け繼ぎ、其の流れを汲んだ達人が、八人あつて之れを鞍馬八流と稱し、之れと對比し、關東にも鹿島の太刀を繼承せし名人、七人ありて之れを關東七流と稱したる等の、客觀的史實より推察するに、當時の教習は、未だ教習法と稱するに至らず、全く師弟一丸となり、眞の個人徹底教習であつたと見るべきである。而して鎌倉時代を經て室町時代の末期、劍道の隆盛を極むるに至り、稍教習法と稱するもの整ひ、順次發達して、更に江戸時代に至りて、之れが完成を見るに至つたものと稱すべきである。

即ち室町末期、戰國時代に於ては、實戰を主としたれば、敎習法の如きは、極めて眞劍にして、血腥さき戰場を馳驅し、生首獲りたる經驗、或は眞劍試合にて悟得したる、妙機等を基礎とし、其の內最も大切なる要點を執りて、型即ち組太刀を組織し敎習したるものである。

而して當時は未だ、敎習着なるものなく、素面、素手の儘にて、木刀眞劍の刄引、棒、又は撓を以つて、師弟相對し、或は型を敎へ或は稽古を爲したのである。

次いで江戸時代に至り、第一期即ち家光の頃までは、戰國時代の餘燼を受け、敎習法も流派により大同小異はあれど、大體其の儘繼續したるものと見るべきである。然るに第二期に至り世は太平の波に乘つて、遊惰華美に流れ、劍道の如きも、肉彈相摶ちし、眞髓を忘れ、形式の上に、工夫を凝らし、竹刀、帶劍は立派なれど、其の動作は、技巧の巧妙と、外觀の美に流れ眞に劍道精神の意義を認むる能はざるに至つた。

而して恰も、當期に於て、面、籠手、胴等の發明となつた。之れは當然の結果とも見るべく即ち前述の如く、形式に流れ士風大に衰へ、人心浮薄に陷りしを、一部劍士は大に憤慨し、何んとか眞劍勝負に近き、稽古を爲すべき、方法なきやと腐心せし結果と見るべく、又一面太平の時代に適すべき方法として、案出されたるものとも、觀察し得るのである。此の竹刀、面、籠手、胴等の稽古道具は、何時の頃より創生せしや、從來の文献によれば、直心影流の山田平左衞門、並に一風齋光德、形式一片の型稽古に飽き足らず、眞劍勝負と同樣、必殺の全精力を揮つて、擊突すべき稽古の方法なきやを考慮し、面、籠手、胴等の防具を發案し、其の子長沼四郎左衞門國卿（正德年間）に之れを完成したとある。又、一刀流に於ては、寶曆年間一刀流中興の祖、中西忠藏子武、同じく當時の型稽古に慨嘆し、現在用ひつゝある、面、籠手、胴等を着し、竹刀稽古を爲すに至つたとある。

されど、元來竹刀は、平安時代、棒を以つて刀劍又は槍に代へ、不意の敵に對抗したる實例あり、殊に鎌倉時代にありては、棒切、竹刀を以つて、身の危險を免れ、或は實戰に用ひたる例ありて、其れ等の事實を綜合すれば、時代の趨勢により寧ろ自然の發達より棒、竹棒等が、木刀となり、竹刀となつたと見るべきである。

從つて竹刀は室町末期既に之れを使用し、有名なる疋田文五郎は、全國武者修行に出でし際しないへを所持してゐたる事文献に明かにして、彼が慶長六年二月、豊前に歸國し、細川忠興公に廻國の委細を言上せしを、其の儘廻國日記として、認めし中に

「丹後吉坂にて、池田十藏と云者、三尺棒の鞘、柄者紫皮にて、ぬいたたみたり、立合に中段、片手構差出し左の方へ廻り……」

とあり、又

「伊賀上野にて、篠原一學と云者、三尺五寸計りのしなへに、指渡六寸程の樫鍔心懸け差出來る、此方のしなへを切先に押當るに、押來る彼が左にぬけて、頭を勝ちぬ……」

と見え、疋田文五郎のみならず、到る處の名劍士、既に立派な竹刀を使ひゐたるを證するものである。之れに依つて之れを見れば、既に之の時代鍔まで整ひし、しなへを用ひしは、それ以前相當年代前に、既にしなへの發案ありと論斷すべきで、しなへは室町時代に生れしものとなすべきである。

而して、江戸初期に至り、其の使用益々多きを加へたが、好んでしなへを用ひたるは、新蔭流の分流即ち柳生流、疋田陰流の流れを汲みしものであつた。

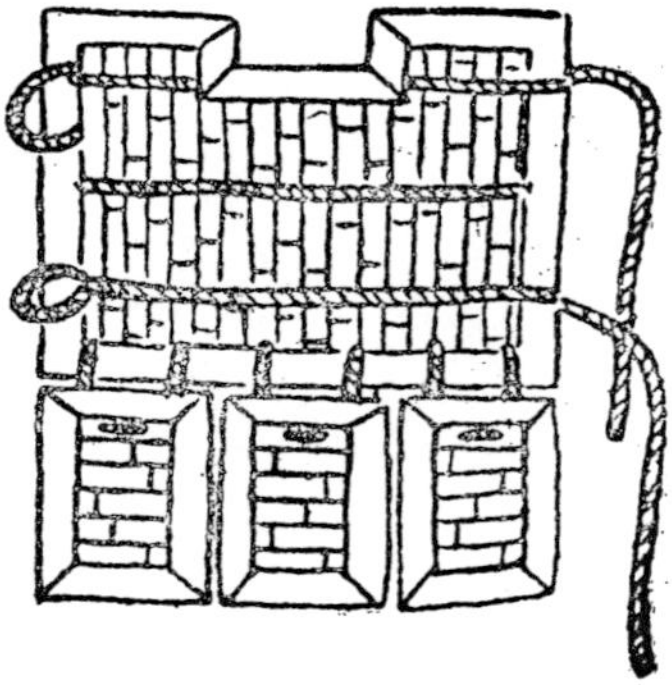

竹鎧を被る者左腋下合せ難し
因て別に一竹甲袖の如き之を腋
下に挟むあって以て其虚を護る

鉄護面　四周革を以って之を繫ぐ

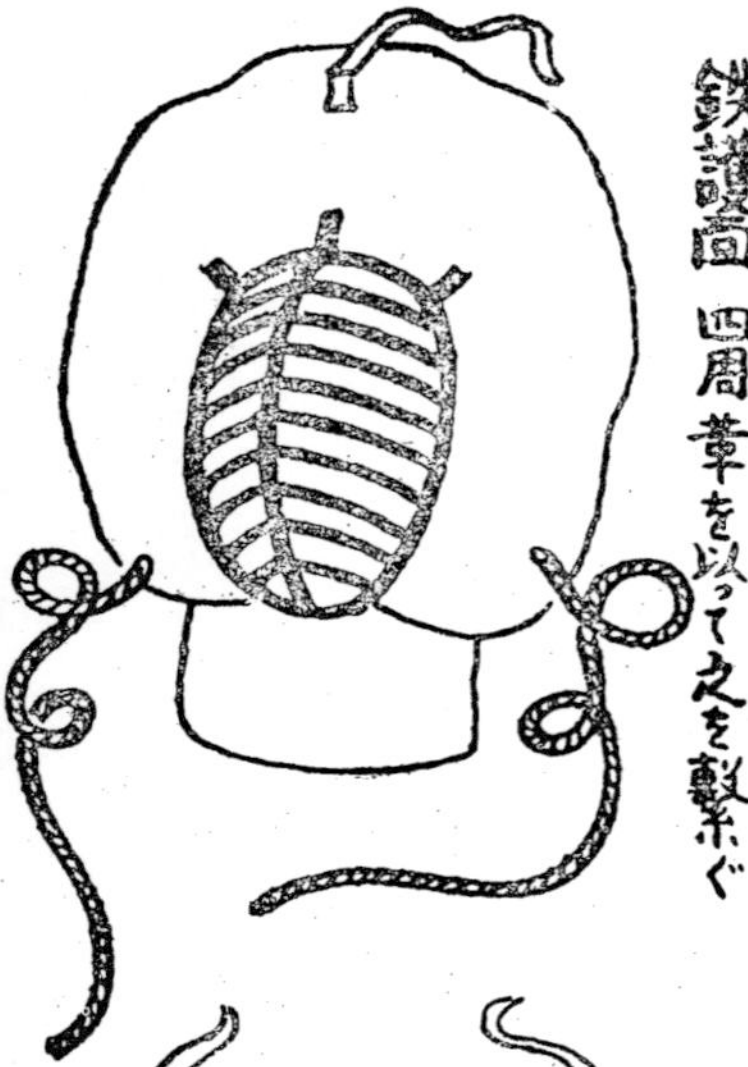

綿護腰
木綿にて之れを制衣す
装ふに綿糸を以ってす

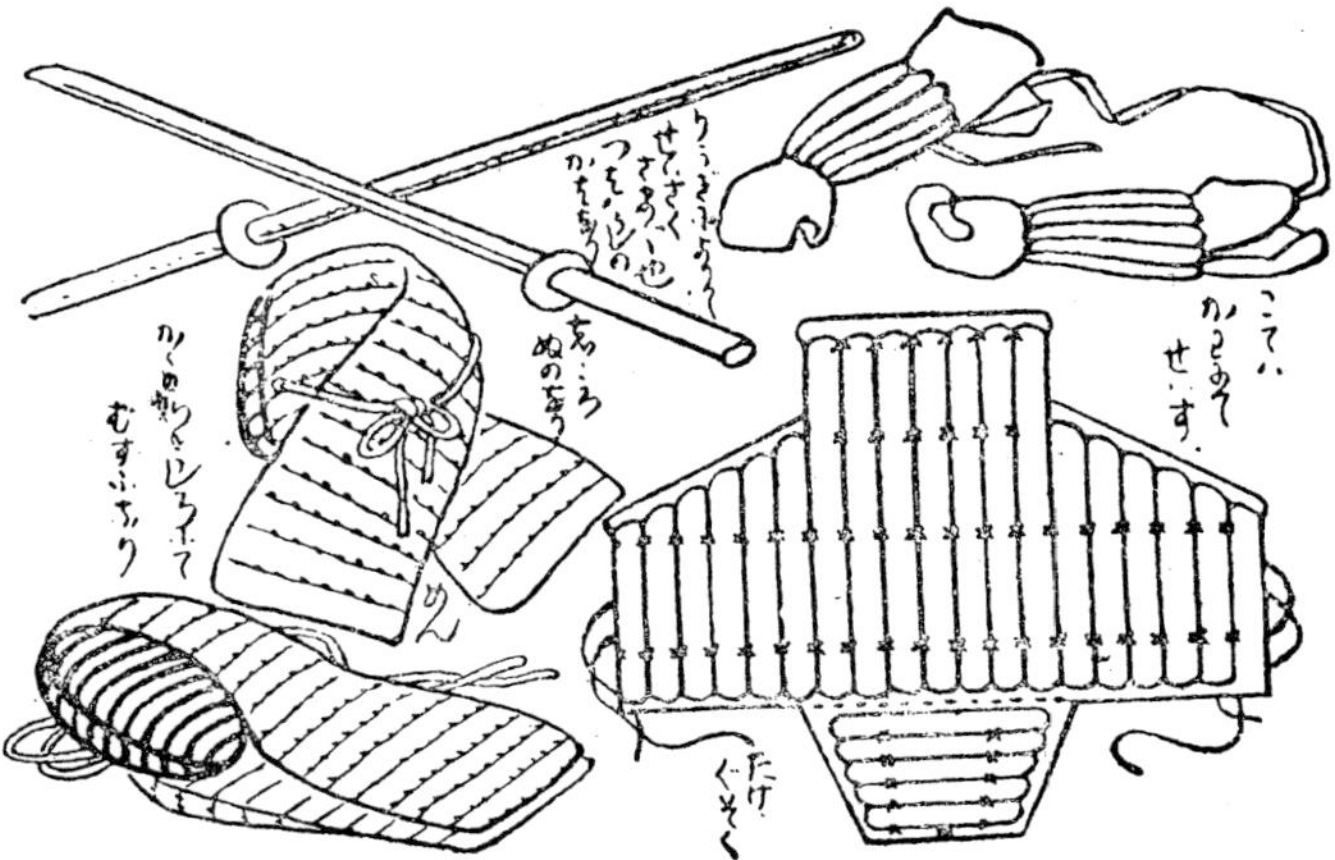
めん
たけぐそく

次に、面、籠手、胴の如き防具は、何時頃より發案されしや、室町時代及び戰國時代は、實戰に追はれ、到底代用品の防具を用ひる餘地はなかつたに違ひない。然し乍ら竹刀の場合と同じく、不意の敵に對應する等の場合或は軍配、或は陣笠、或は圓座等、手近かなる物にて防ぎしは當然にて、素面、素籠手にて竹刀を受けるにも、其れ等自然の本能より發案して、何等かの防具を考案するは當然有り得べき事である。

疋田文五郎の廻國記の中に

「山城に立越、彼れ藤太夫物語にて、富島主計を尋ね候得ば、兵者留守にて不逢候間、愛宕堂の有けるに休み居候處、彼主計來り勝負と云立合、五尺計りの木太刀を、四方に筋金を渡し紅のうてぬき付たり……」

とある。旣に室町末期に於てうてぬきと云ふ、自然の防具使用されてゐたるを知るべきである。

斯くて江戸時代に至り、自然の發達以上に更に技工を加へ柳生流の試合籠手、直心影流の革具面頰となり、其の他各流により、其れ〳〵不完全ながら、適當と認めし防具を用ひたに違ひない。

神澤貞幹、翁艸、柳生但馬守、猿を飼ふ事を云ふ一文に

「猿は竹具足に相應の面を掛け、小さき、しない、持ち……」

とある。之の文献を信ずるなれば、柳生宗矩時代、既に竹具足を使用しゐたると見るべきであるが、何れにしろ、之れ等の防具は不完全なるものにて、之れ等に大改良を加へ、面、籠手を殆んど今日のものにしたのが、山田平左衞門、長沼四郎左衞門父子であつた。

之れ等の道具が案出されし目的は、型稽古の不徹底を打破し、眞の劍道精神復古にあつたが多年の浮薄輕佻は、却つて之れ等の防具を以つて、珍らしき玩具扱し、之れを濫用せる傾向があつたので、當時の指南者は之れが矯正に腐心したのである。

教習の順序は、最初入門の際、血判を以つて師弟の契りをなし、諸規約を固く守るべき誓約を取りし流派多く、初め一ヶ年間は先づ流儀の組太刀（型）を、一人毎に嚴肅なる禮儀を以つて指南し、後竹刀を以つて擊込稽古をなさしめ、一ヶ年を經て、稍習熟するに及んで初めて、相互の試合稽古を許したのである。

現今の教習法は、之れに準據するものであるが、而かも其の入門の簡易なること、教習法の大量的なる事は、時代の大勢とは言へ武道精神涵養上、大に考慮改革すべきではあるまいか。

勿論一部の强硬劍士は、全く營利を避け、大量敎習を退け、專ら往古の武道精神に生き高潔なる志操を堅持しつゝあるを見るは、喜ばしき限りである。

（註）　竹刀は、十握の劍に擬し、三尺二三寸を定法とした。打込み、斬込みは面、籠手、胴を着け、姿勢を正し、正確なる刀法を以つて、全身の精根を籠め、あらん限りの力を盡し、打込み、斬込みを爲さしめ、堅忍不撓、强靱剛勇の精神力と體力とを鍛錬した。而して室町時代より行はれし、劍道の型、即ち組太刀は、依然として木刀を以つて行はれ、木刀の型稽古と、竹刀の打込み稽古とは、共に倂用されしは今日も同樣である。

第六章　武道場と稽古樣相

室町時代、戰國時代の道場は、形式を離れ、專ら實質本位であつた。故に多くは、庭先で作られ、雨天の際にも使用出來るやう、屋根を葺き、極く簡單な設備をしたに過ぎなかつた。

江戸時代に至つて、武藝は益々隆昌になつたが、而かも實戰より遠かり、形式、華美の色彩濃厚となりし爲、道場の如きも段々形を整へ、庭先きのものも、板張りを圍み、或は屋内土間、屋内板張りの本道場が、現れるに至つた。三代將軍家光時代より、七代將軍家繼の時代凡そ百年間には、盛岡、仙臺、岡山、米澤、備中庭瀬等の、各藩に道場が新設された。八代將軍吉宗時代から、十一代將軍家齊まで凡そ百年間には、各藩の道場四十餘ケ所を數ふるに至つた。

江戸末期に近づくに從ひ、之れ等官立道場は、同じ家内板張りの正式道場とは言へ、格段に立派になつて行つたのは勿論である。私道場でも官立道場に負けない、立派なものが尠くなかつた。中にも一刀流の中西忠兵衞子正の道場は、間口六間、奥行十二間、座所を除き、百疊、杉柾赤味の正一寸二分、善と美とを盡したもので、當時一枚刷りの錦繪に賣り出された程であつた。

將軍直屬の柳生の道場は、八間四面の柱無しであつた。

次で江戸初期の稽古は、袖のある着物に襷を掛け、袴をはき、股立を取り、道具をつけ、袋竹刀（撓）三尺三寸位を執つて、進退は平常歩を以つてした。即ち右左右、又は左右と進んで斬るのであつた。

道具は、其の流派によつて異り、直心影流は上段專門であつたから、面、籠手だけを用ひ、一刀流は、下段中段の構へであるから、面、籠手の外に胸當を用ひた。胸當は突く爲ではなく撓が自然に當るのを防ぐ爲であつた。而して突が一般に行はるゝやうになつたのは、大石進が道具を改良し、ヽヽヽヽコミ竹刀を以つて突きを敢行してからである。

突きが流行し出し、突きを行ふに、袖のある着物では、いくら襷をかけても、袖に突が止つて、稽古に支障を來すので、稽古着を劍道に用ふるやうになつた、槍術は突き専門であるから餘程以前から稽古着を用ひてゐた。

廢藩前後に至つて、多くの劍士は講武所を手本とせず（講武所の項參照）面、籠手、胴を着けて、四尺乃至五尺、中には身の丈定寸ヽヽヽなど稱し長竹刀が流行した。而して從來、袴の股立を取つて稽古せしを、此の時代に至り、袴を裾長に板間を引摺るやうに穿き、足、足指の動きを見せぬ爲に有利だと稱して大に流行した。

長竹刀の劍法は、其の進歩するに從ひ、技巧に流れ、輕々しき曲藝となり、遂には頭の上にて、竹刀を廻轉させ、相手の迷混する虚に乘じ、柄を取つて打ち込んだり、又は竹刀を股の間より潜らせ、相手の意表に出でゝ撃つ等、種々なる技巧が遊戯的傾向を示して來た。

先きの長袴は、桃井一派が主流であつたが、曲藝は千葉榮次郎一派が元祖らしく、廢藩後の興業擊劍には、專ら之れが行はれた。

當時まだ腰間に日本刀を帶しながら、天下に範たるべき武道家が、斯くも劍の道を忘れ、墮落亡魂の眞似をなしたるは、劍道史上窒に厭ふべき頁である。

第七章　長竹刀時代

前述の長刀時代を更に詳述すれば天保の改革前後、柳河の藩士大石進種次は、身長七尺といふ大兵であつた、五尺三寸程あるコミ竹刀を用ひ、まだ一般に行はれてゐない、突きを主として胴切りも行ひ、其の勢ひ當るべからずであつた。勢ひに乘じた彼は天保初年頃、江戸に出で、諸々の道場で仕合を試みたが、敵するものが無かつた、後年、天眞一刀流の白井亨が、三尺六寸の撓で勝を制する迄は、大石は江戸劍道界を風靡し眞に驚異の的であつた。

之れに刺擊され、劍道界は、俄然大石派となり、四尺、五尺、中には身の丈け程の竹刀を用ふるやうになつた。結局、身の丈けの割合から言へば、大石よりも長い竹刀をつかふ事となり世の識者から、悪評を買ふに至つた。

之の時代を、長竹刀時代と言つた。其の後二十年を過ぎて、安政三年江戸に講武所が出來、竹刀は三尺八寸以内と定められたが、講武所以外の者は、仍且長竹刀を用ひたるは前述の如くである。

さて、長刀をつかふ時は、自然足遣ひに變化が生ずるは理の當然である。柄が八寸以内の時は正常歩で差閊えないが、長刀の柄が、一尺二三寸になつたので、歩んでは構へが整はず、強て動搖を防げば、窮屈になり負をとる。故に型のやうに歩んだのを改めて、右左、右左と順に足を送るやうに變化したゞ之れを送り足と稱し即ち今日の足遣ひは、之の時が嚆矢である。

江戸第二期以前の足遣ひに比し、之の足遣ひは板間にて早業をするには、便利であるが、地面に於てはハヾミが出ず、進みにくい。仍且（やつぱり）、左右、又は右左右と歩まねば、廣い場所では屆かず、足場の惡い所では、遣ひ惡いから、實戰の場合なぞは、送り足は不適當たるは論を俟たぬ。

次に長竹刀になると共に、勢ひ突が流行し出した。比較的短い竹刀を持つものは、双手突きを行ひ、長刀をつかふものは、片手突を行のが常習である。長竹刀は、柄も長いから、右手は初めから伸びてゐるので、其の上の伸はなく、從つて足遣ひで補ふやうにした。又短い竹刀の片手突きでも、ふら〳〵するのみで伸びはない、双手突きの他はないのである。

備　考

（天保年間、武士の帯刀を短くする令が出た。即ち刀の長さは、二尺三寸五分、小刀は一尺三寸五分限りと定められた。此の令は暫時行はれたが、別項記載の如く、長竹刀の流行となり、自然長い刀を好む風生じたのと、外國船の出現、尊王攘夷等の擡頭で、殺氣立ち、實戰氣分濃厚となつたので、帶刀も追ひ〳〵長刀に變つて行つた。

第八章　主たる諸流派

室町末期に於ける劍道の流派は、前章に於て記述せし處なるが、江戸時代に入りてより、それ等の諸派は益々隆盛を極め、愈々分流を生み、更に種々なる流派入り亂れて、無慮數十餘流を數ふに至つたが、玆では其の主流と認むべきもののみ論述し、他は附錄として表示する事とした。

◇柳生流

江戸時代に於ける、劍道の代表流派を問へば、誰れしも柳生流と一口に答へるであらう。それ程柳生流は、人口に膾炙された。柳生家は即ち代々、將軍家の御指南番を勤めたからであり事實上實力もあつたからである。

そも〳〵柳生流は、影流に生れ、上泉武藏守の新陰流を師として、柳生宗嚴が、創起したる一派である。而して其の子但馬守宗矩、飛驒守宗冬、對馬守宗有、備前守宗永等、代々將軍家に仕へ師範となり一世を風靡した。世に之れを御流儀と稱した。

柳生但馬守宗嚴は、代々和泉國柳生に住し、遠祖は菅原道實なりと傳ふ。宗嚴は幼少の頃より、武法を好み、上泉武藏守が、高弟神後伊豆守、疋田文五郎等を從へ、武者修行し、柳生に來りし際、乞ふて其の門弟となり、大に武法を硏き長足の進步を見た。其の武藝の天才たる、師の上泉も驚嘆し、進んで其の極意を秘傳したと言ふ。

宗嚴は初め、三好長慶、松永久秀に屬してゐたが、後足利將軍義昭及び織田信長に代へ、更に德川家康に重用された。其の子又右衞門尉宗矩は、文祿三年家康に謁し、父宗嚴と共に、關ヶ原の合戰に參劃して大功あり、豐臣秀吉の爲に沒收されし、柳生の舊地を賜り、但馬守に任ぜられた。

宗矩は幼より父宗嚴に新陰流を學び、早くより其の奧義を極め、父に優りて武法活達なりし上に、當時天下に名だたる、澤庵禪師に就きて禪道を修行し、所謂禪劍一致の妙機を會得し、其の實力、並ぶものがなかつた。而かも性才智深謀あり、家康、秀忠、家光の三代に仕へ、殊に家光は

「天下の務、宗矩に學びてこそ、其の大體を得たり」と稱し大目付即ち諸大名監察の職に任じた。

宗矩は家光に仕へて、其の全部を捧げ盡した。然るに家光は、熱心の餘り尙も、劍道の奥義を追求して止まなかつた。宗矩は、今は外に聞えあぐべきことも侍らず、此上はたゞ御心にて自ら其の妙を得させ給へ、但し宗矩若かりし時、禪僧にちなみ、悟道の要を聞はべりて、頓に其の道に進みたりしことの候ひしと申す、さらばそれを召せと仰せられ、澤庵禪師を推薦した。澤庵は即ち、有名なる不動智神妙錄を奉つたのである。

松島剛著、不動智神妙錄の卷首に

「不動智神妙錄ハ德川三代將軍家光公、劍道ヲ柳生但馬守ヨリ受ケ給ヒ、已ニ其奥義ヲモ學ビ給ヒタル後、但馬守申上ル樣、微臣ニハ最早力及ビ申サス、此上ハ僧澤庵ニ御下問アラマホシト、公乃チ澤庵ニ御尋ネアリケレハ、禪師畏マリ之ヲ著述シテ上リタルモノトモ申傳ヘ、又山岡鐵舟ノ手錄ニ依レハ、根岸肥州ノ耳囊ト云フ書ノ中ニ、「柳生但馬守心法ハ澤庵ノ弟子タルコト、或日、柳生但馬守門前ヘ托鉢ノ僧來リテ、劍術稽古ノ音ヲ聞キ、大概ニハ相聞ユレト御師範杯トハ事ヲカシト嘲リタルヲ、門番ノ者ハ咎ムト雖モ聊カ取合ザル故、但馬守ニ斯ク告ケレハ早ク其僧呼入レヨトテ、座敷ニ通シ對面致シ、御身出家ナルカ劍道ノ業心掛シト見エタリ、何流ヲ學ビ給フヤト尋ネケルニ、彼僧答ヘテ御身は天下ノ師範タル由ナルカ、劍術ハ下手ナリ、流儀ト云フハ劍術ノ極意ニアラズ、劍ヲ遣フニ何ノ流儀カアランヤト笑ヒシカハ、柳生モサル者ト思ヒテ、然ラハ立合テ見ラレヨトアリケレハ、心得シ由ニテ稽古場ニ至リ但馬守ハ木刀ヲ持チ、御僧ハ何ヲ持チ給フヤト尋ネケレハ、某ハ出家ナレハ何ヲカ持ベキ、速カニ何ヲ以テナリトモ打チスヘ給ヘト稽古場ノ眞中ニ立チ居タリ、但馬守モ不覺ナルコトヲ申者ナル哉ト思ヒナガラ、卒サト云ヒテ打チ懸ント思ヒシガ、右僧ノ有様中々打懸ラハ如何様ニ手込ニモ可成程ノ様子ナレバ、流石ニ但馬守ハ木刀ヲ下ニ置キ、拜謁シ誠ニ御身ハ智識道德ノ人ナリ、心法ノ修行コソ教ヘ給ヘ候ヘカシト、只管望ミケレバ、彼僧モ劍術ニ於テハ、普ク御身ニ繼クモノナシト稱シ互ニ極意ヲ契リケルトカヤ、右僧ハ後ニ但馬守ヨリ申上、大樹家光公ヘ昵近セシ東海寺開山澤庵和尚ナリトアリ……」

之れにて但馬守と澤庵との關係、家光と不動智神妙錄との因緣を察知する事が出來やう。而し不動智神妙錄に就いては、尙異說あるを免れない。されど不動智神妙錄が、劍道の大乘極意を說ける名著にして、宗矩及び家光は之れによつて、禪劍一致の奧義を悟得したる事實は、動かす事が出來ない。

宗矩は劍法、劍道共に通達せし上、文才あり柳生流傳書は、宗矩に依つて完備したのである。

其の重なるものを擧ぐれば

一、殺人刀活人劍口傳
一、新陰流兵法目錄
一、極意卷
一、兎兵法之記
一、玉成集
一、雜武孤要

柳生宗矩の子、十兵衞三嚴は、幼少より家光に仕へ、父宗矩より傳授されし兵法武法を、より以上に咀嚼し活躍させし智者にて、一說に傳ふるが如く、劍術に慢心し發狂せりと言ふ程であつた。三嚴が、發狂せりと傳ふるは、家光公、九州諸侯が、幕府に心服するや否やを知らんと欲し、三嚴に命じ、劍術に慢心發狂せりと稱せしめ、家を弟宗冬に讓り、武者修行に出だした。三嚴即ち諸國を歷遊し、熊本、鹿兒島等に居る事十年、精細なる探査を行ひ萬一に備ふる地圖を製し、人情風情等をも調査して歸つた。家光大に之れを賞したが、尙狂氣未だ治せずとなし、伊賀國正木坂に隱居し、劍道の敎授を以つて身を終つた。

尙、當時の文献を綜合するに、三嚴が不行跡であつたといふ事は事實である。其の不行跡が如何なるものであつたかは、知るに由なきも、察するに一つは女色、一つは我が儘であつたと思はれる。然し三嚴が武道に熱心にして其の武法神に近く、且つ德川家に對する、誠忠の意、深かりし事は斷言出來るのである。

而かも茲に特筆大書すべきは、所謂世に言ふ處の「柳生流」なるものゝ名實共に確立せしは三嚴を以つて、全しと言ふ事である。即ち初代柳生宗嚴は、影流を學び、新陰流を立て、之れを子宗矩に傳へ、宗矩又之れを三嚴に傳へたので、其の劍法は、純然たる影流の奧義を出でないのであつた。然るに三嚴は、之れに大修正を加へ其の根本を改めた。即ち新陰流は

「勝事を第一と仕り先(せん)をとり勝なり」

と傳書にある如く、敵の動きを待たず、先を取り、所謂機先を制する擧に出で、先々の勝を

敎へたのであつた、若し敵より攻勢に出で、斬つてかゝるとも、之れを受け防かず、身を敵に委して、我はより以上攻勢に出で、相討となるとも、先々を取らざるべからずと敎へた。

然るに三嚴に至り、

「先づ相手の動きを待て、其の弱身へ、先を取つて討ち込む、即ち、後（のち）の先の勝」

を敎へたのであつた。之れは之れを善意に解すれば

「用意深き劍心」

を加味したと言ふ事が出來る。されど之れを惡意に解すれば、世は太平となり、實戰の尊き經驗より生れたる、影流の大精神を沒却したる事となる。即ち、受身の劍道、木太刀、撓（しなへ）の上の型試合の勝負にはふさはしきも、眞劍勝負の上より言へば、寧ろ退歩せりと言ふも過言ではないのである。

然し劍道史上に於ては、見逃がすべからざる事項であり、後世柳生流なるものは、

「隙だらけの構へをなし、而して敵の隙に乘じ討ち込む」

とさへ唱道せしめし、武法の一方法の端を開いたのである。

三嚴は宗矩の死後、僅か四年にして沒し、弟飛驒守宗冬、父宗矩の後を繼ぎ、次で宗有宗永

と相次いで、将軍家の師範となつたのである。又宗嚴の子、柳生兵庫守は尾張の、徳川義直公に仕へ、子孫代々尾州公の指南となり、宗矩の高弟は擧つて諸國に柳生流を傳へた。

而して柳生流の特徴とすべきは、柳生流は御流儀と稱し其の門に學ぶもの多かつたが、其の門弟より免許を出すを禁じ、必ず直接柳生本家より免許を與へた事である。

柳生流系圖

十兵衛三嚴（柳生本系）
- 跡部宮内
- 渡邊久藏
- 荒木又右衛門
- …安丸伸右衛門之勝（克巳流）
- …夏見權之助（影心流）
- …若名主計豐重（太平眞鏡流）

上泉伊勢守信綱—柳生但馬守宗嚴—同又右衛門尉宗矩—宗冬—宗春
　　　　　　　　　　　　　　　　　　　　　　　　　　　—宗有—宗永（柳生正統）—俊平—俊峰—俊則—俊睦
　　　　　　　　　　　　　　　　　　　—庄田喜左衛門（庄田流）
　　　　　　　　　　　　　　　　　　　—木村助九郎
　　　　　　　　　　　　　　　　　　　—出淵平兵衛（紀州ニ傳ハル）
　　　　　　　　　　　　　　　　　　　—時澤彌平（天心流）
　　　　　　　　　　　—利嚴—嚴方—嚴知—嚴延—嚴儔—嚴陣—嚴之（尾張ニ傳ハル）

宗矩の時代、其の門に學ぶ大名多く、優れたる門人を諸藩の師範としたが、其の中重なる十藩擧ぐれば、

伊勢津藩　柳生源太夫　津田武太夫
越前福井　出淵平兵衛

熊本藩　田中甚兵衛
會津藩　山瀨源內
長州藩　馬木家六
仙臺藩　狹川新三郎
和歌山　木村助九郎
德島藩　佐々木藤左衞門
金澤藩　笠間九兵衞
柳川藩　戸塚次太夫

◇一刀流

一刀流の元祖、伊藤一刀齋景久より、一刀流の正系傳統を受けた、愛弟子神子上典膳は、上總國夷隅郡萬喜の出生で、幼少より刀槍の術に長じ神童と云はれた。天正十四年伊藤一刀齋が武者修行して萬喜へ來た際、試合を申込んだ。典膳は眞劍、一刀齋は木刀を以つて戰つたが、角力にならず典膳は慘敗した。茲に於て典膳は乞ふて、一刀齋に入門し師に從つて諸國を修行錬成した。

前節一刀流に記述したる如く、典膳は高弟善鬼と試合し、勝利を得、一刀齋が仕合三十三度七度の眞劍勝負に用ひし一文字の刀を授けられ、一刀流の正系を嗣いたのである。

典膳と高弟善鬼とが、師の命に從ひ小金ヶ原に於て、正系爭奪の大戰を行つた精細は「一刀流口傳」に依れば

「……善鬼、典膳よりも早く一刀齋に從ひ其の技術も亦典膳に長じたれども、心に邪なる所あるをもつて一刀齋は秘傳の一書を典膳に傳へんとするの意あり、典膳に夢想劍を授け二人をして勝負を決せしめんとす。善鬼高弟の故を以て頻りに乞へども許さず、善鬼隙を窺ひ窃みて逃ぐ、一刀齋典膳と共に追ふ。善鬼遁るゝ能はずして偶々大なる瓶あるを見其下に潛む典膳瓶を除かんとす、一刀齋老年の故を以て後れて馳せ到り、瓶を除かば足を拂はん、瓶と共に斬るべしと呼ぶ、典膳心得たりと瓶諸共に之を斬る、典膳此時初めて氣合の妙技を會得したりと云ふ。此刀を瓶割の刀と名づけ小野家の重寶たり、善鬼は瓶と共に斬られたれども目を開き彼の秘傳の書を堅く口にして離さず、一刀齋其の術を慕ふの厚きを愍み、神子上典膳をして汝の後を嗣がしめ小野典膳となさんと言ひしより始めて瞑目して之を離せり」

とある。

其後典膳江戸に出で、駿河臺に道場を構へ、益々法を磨き又門下を養ふ中、其の武名徳川家康の聽に達し、邑三百石を授けられ、小野次郎右衞門と改めた。

「一刀流口傳」

に曰く

典膳江戸に出で、柳生但馬守の名聲を聞き之と勝負を決せんとす。旅館の主人に柳生邸の所在を問ふ、主人驚いて曰く、柳生邸に仕合を申込みて、未だ曾て生還せるものなし、我れから求めて死地に入るに同じ、止め給へとて頻りに留む、典膳曰く柳生殿は武術のみならず、仁德も亦高き人也、何ぞ妄りに人を殺すべきとて、柳生邸に至り仕合を乞ふ。大小を取り上げられ道場に出て、暫らくありて但馬守出來り、肩衣をはね太刀を拔き我が道場の掟として、仕合を求むるものは之を手討となす、挨拶せんと欲することあらばいざ挨拶せられよと云ふ。偶々道場の一方の戸少しく開きて、其處より一尺八寸ばかりなる薪の燃えさしの落ち居たるを見、之を取りあげこれにて挨拶仕らんと云ふ。但馬守始めは輕くあしらひ居たるも相手が案外に强きより今は全力を盡して切り結び、汗を流して戰ひしも、遂に典膳に切り附くるを得ず、却て顏より衣服にかけ、散々燃えさしの炭を塗られたれば、深く其精妙に感じ刀を投げ出し、しばらく待たれよと言ひ捨て炭の附きたるまゝの服裝にて、直ちに登城し大久保彥左衞門に會ひ、委細を述べて彼れを用ひられなば、御籠脇至極安全ならんとて典膳を推薦し、是より柳生小野相並びて將軍家に用ひらるゝに至れり、但馬守の度量典膳の妙技まことに一雙の佳話と云ふべし」

とある。之れには稍誇張の感もあり、ドラマ的氣持もあるが、

「武藝小傳」に

江戸近隣膝折村に、刀術者人を殺し、民家に籠居したるが、土俗如何ともなす能はず、村長江戸に來り決斷所に訴ふ、當時江戸中、能く之れを斬る者、神子上典膳を措いて他になし、則ち事東照宮に達し、命典膳に下り小幡勘兵衞尉景憲を檢使となす。典膳旣に其の村邑に到り、戸前を望んで曰く、神子上典膳、降命に由り江戸より來る、汝戸外に出て勝負を爲すか、我戸内に入るか。刀術者之れを聞き、我典膳の名を聞く久し、今相逢は生前の大幸なり、我出て勝負をなすべしと、乃馳出大太刀を拔く、典膳二尺の刀を拔て其の兩手を斬る、而して景憲に向ひ、首をはねべきか、景憲諾す、此に於て其の首を斬る。衆皆畏服す、景憲江戸に歸り逐一東

照宮に言上す、東照宮殊に褒賞有り、幕下に召され、釆邑三百石を賜ひ、外祖父の氏を繼き、小野次郎右衞門と改む」

とあるは、蓋し眞に近いものであらう。次郎右衞門は關ヶ原の役に從ひて功あり、益々武名高まり家康の寵を受けたが、晩年忠明と名乘り、寛永五年十一月七日に天命を完ふした。

忠明に三子あり、長男忠也父に從ひて一刀流を硏き、瓶割刀を授り家名を繼ぐ、以下龜井忠雄、藤井平助、同忠貫等受け繼ぐ之れを後世忠也派と稱した。

又忠明の二男忠常、同じく父に學んで其の刀法を繼ぎ、代々幕府の師範となつた、之れを小野派と稱した。

（系圖參照）

又忠常の門人、梶正直は、梶派一刀流を、六代忠方の門人、中西子定忠太は、中西派一刀流を立てた。有名なる山岡鐵舟（高步）は、小野派の業雄、中西派の淺利義明より傳を受け、之れに禪の極致を加味し、遂に一刀正傳無刀流を開いた。又千葉周作は、中西派淺利又七郎義信に學び、其の極意を究め更に己れが創見を加へて、北辰一刀流を立てた。

伊藤一刀齋
- 俊直―俊重―俊定（古藤田勘解由左衛門）
- 善鬼
- 神子上典膳（小野次郎右衛門）
  - 伊藤典膳忠也（忠也派）
    - 龜井忠雄（井藤）
      - 藤井平助
      - 藤井忠貫
    - 龜井忠也
    - 溝口正勝（溝口派）……逸見義利（甲源一刀流）
    - 間宮久也
    - 根來重明（天心獨名流）―堀口亭山貞勝（涼天覺淸流）
  - 小野次郎右衛門忠常（小野派）
    - 同忠於―同忠一―同忠方
    - 梶新左衛門正直（梶派一刀流）―利重

同　忠嘉―同忠考―業雄―山岡高歩
中西子定（忠太）―同子武（忠藏）―同子啓（忠太）―同子正（忠兵衛）
　同子正―淺利義信―同義明―山岡高歩（鐵舟）△一刀正傳無刀流
　　　　　淺利義信―千葉周作成政（北辰一刀流）
　同子正―高野苗正―顯　正
　　　　　高野苗正―蕃　正（芳三郎）―豐　正（佐三郎）
千葉周作成政―同榮次郎
千葉周作成政―渡邊總右衛門―同松太郎―小澤三次郎―同寅吉政方―門奈　正
　　　　　　　　　　　　　　　　　　　　　　　　同寅吉政方―内藤高治

◇二　刀　流

二刀流は、宮本武藏により開流されたるが、元來左右兩手に長短の刀を執り、戰ふ刀法は、新陰流の中にもあり、又各流派に於ても、採用したるものである。而し其れ等は、各流の刀法に於ける一部分に過ぎなかつた、然るに二刀流は原則として、二刀を同時に使用する流派である。然し開祖宮本武藏は、眞劍なる試合に於ては、殆んど二刀を同時に用ひてゐない。多く木刀一本一振の刀で勝つてゐる。これに依つて見る時は、二刀流は、平素の錬成に於て、二刀を使用するが、生命をかけ乾坤一擲の勝負をなす時は、一刀の眞價更に大なるを認めてゐたと言はねばならぬ。

然らば何故二刀を用ふるを原則としたかは　此の流派を研究するもの〻、大に考研せねばならぬ處である。これ即ち本流の生命であるからである。武藏が自ら著述したる五輪書中

一、此一流二刀ト名クル事、といふ處に

「二刀ト云出ス處、武士ハ將卒トモニ直チニ、二刀ヲ腰ニ付ル役ナリ。昔ハ太刀刀ト云フ、今ハ刀脇差ト云フ、武士タル者ノ此兩刀ヲ持ツコト、コマカニ書キ顯ハスニ及バズ。我朝ニ於テ知ルモシラヌモ腰ニ帶ル事武士ノ道ナリ。此二ツノ利ヲ知ラシメンタメニ、二刀一流ト云フナリ。鑓長刀ヨリシテハ外ノ物ト云テ武具ノ内ナリ、一流ノ道初心ノ者ニ於テ、太刀刀兩手ニ持テ道ヲ志シ習フ事實ノ所ナリ、一命ヲ捨ル時ハ道具ヲ殘サズ、役ニ立テズ腰ニ納メテ死スル事、本意ニアルベカラズ、然レドモ兩手ニ物ヲ持ツ事左右トモニ自由ニハ叶ヒガタシ、太刀ヲ片手ニテ取リナラハセン爲メナリ、刀長刀大道具ハ是非ニ及バズ、

刀脇差ニ於テハイヅレモ、片手ニテ持ツ道具ナリ、太刀ヲ兩手ニテ持チテ惡シキ事ハ第一馬上ニテ惡シ、カケ走ルトキ惡シ、沼、フケ（深田）石原、險シキ道、人ゴミニ惡シ、左ニ弓刀ヲ持チ其外何レノ道具ヲ持チテモ、皆片手ニテ太刀ヲ使フモノナレバ、兩手ニテ太刀ヲ構フルコト實ノ道ニアラズ、若シ片手ニテ打コロシガタキ時ハ兩手ニテモ打留ルベシ、手間ノ入ル事ニテモアルベカラズ、先ヅ片手ニテ太刀ヲ振リナラハセン爲ニ、二刀トシテ太刀ヲ片手ニテ振リ覺ユル道ナリ。人毎ニ初テ取ル時ハ太刀重クシテ振リマハシガタキモノナレドモ、其ノ太刀ニ限ラズ萬初メテ取付ル時ハ、弓モ彎キガタシ、長刀モ振リガタシ、何レモ其道具道具ニ慣レテハ弓モ力ツヨクナリ、太刀モ振リツケヌレバ道ノ力ヲ得テフリヨクナル、太刀ノ道ト云フ事早ク振ルニアラズ、（第二ノ巻ニテ見ルベシ）太刀ハ廣キ所ニアリテフリ、脇差ハセバキ所ニテフルコト先ヅ道ノ本意ナリ。此一流ニオイテハ長キニテモ勝チ、短キニテモ勝ツニ依テ、太刀ノ寸法ヲ定メズ、何ニテモ勝事ヲ得ル心一流ノ道ナリ、太刀一ツ持チタルヨリモ二ツ持テ善キ所、多勢ト一人シテ戰フ時、又取リ籠リ者ナドノ時ニヨキコトアリ、斯樣ノ儀今委シク書顯ハスニ及バズ、一ヲ以テ萬ヲ知ルベシ、兵法ノ道行ヒ得テハ一ツモ見エズト云フ事ナシヨクヨク吟味アルベキナリ」

とある。之れに依つてみれば二刀流の生命とする處は、
一、二つの手を、最大限度に使ひ得るやう錬成すること。
二、それは多くの場合に有効なるが、殊に意表に出られた際や特種の勝負等便宜な事が多い。
三、然れども刀道の極意は、一刀に歸すことを忘れてはならぬ。
といふ事に歸着するのである。

宮本武藏玄信は、播州の產にて、天正十二年三月出生、先祖は播磨赤松氏の族衣笠の支流平田氏に出で、父は新免無二齋武仁と稱した。（一說に武藏は美作國吉野郡宮本村に於て天正年間の出生とある）

武藏は幼名辨之助、後政名又は玄信と稱し、父の氏を受け新免、又は宮本と言つた。無二齋は劍道をよくし、殊に十手術に長じた。武藏幼より父に學んで、十手術を習ひ、更に劍法に達し、七八歲にして天才の閃きあり、父をして舌を捲かしめた。未だ十歲を出でずして、十手の術は常用に供すべきに非ず、二刀を以つて十手の理を應用せんと企て、錬磨研索早くも劍法の奥義に達し、之に兵法を織り成し、十三歲にして、當時強者と言はれた、新當流、有馬喜兵衛と仕合をなし、見事なる勝利を得たるは有名にて其の天才振りの一端を知るべきである。

五輪書の中

自序に曰く

「兵法ノ道二天一流ト號シ、數年鍛錬ノ事初メテ書物ニ顯サント思フ、時寛永二十年十月上旬ノ頃九州肥後ノ地、岩戸山ニ上リ天ヲ拜シ觀音ヲ禮シ佛前ニ向ヒ、生國播磨ノ武士新免武藏守藤原玄信歳ツモツテ六十、我若年ノ昔ヨリ兵法ノ道ニ心ヲカケ十三ニシテ初メテ勝負ヲ爲ス、其相手新當流有間喜兵衛ト云フ兵法者ニ打勝チ、十六歳ニシテ但馬國秋山ト云フ兵法者ニ打チ勝ツ、二十一歳ニシテ都ニ上リ天下ノ兵法者ニ會ヒ數度ノ勝負ヲ決ストイヘドモ、勝利ヲ得ザルト云フコトナシ。其後國々所々ニ至リ諸流ノ兵法者ニ行逢ヒ、六十餘度ニテ勝負ヲナストイヘ共一度モ其利ヲ失ヘズ、其程十三ヨリ二十八九マデノ事ナリ、我三十ヲ越テ過去ヲ思ヒ見ルニ兵法ニ至極シテ勝ニハアラズ、オノヅカラ道ノ器用有テ元理ヲハナレザル故カ、又他ノ兵法不足ナル所ニヤ、其後尙モ深キ道理ヲ得ントト、朝鍛夕錬シテ見レバ自ラ兵法ノ道ニ合フ事我五十歳ノ頃ナリ、夫ヨリ以來ハ尋ネ入ルベキ道ナクシテ光陰ヲオクル、兵法ノ理ニマカセテ諸藝諸能ノ道ヲ學ベバ、萬事ニ於テ我ニ師匠ナシ」

とあり、武藏自身の告白なれば、之れにて大體の經歷を知る事が出來る、之れに依つて見れば彼は若年より三十歳までは、劍法の奥義に達せし時代、三十歳より五十歳までは兵法の奥義に達せし時代、五十歳以後は、即ち劍法の極致と、兵法の極致と打つて一丸となり、天理の大眞理、見性悟道、光明遍照の世界に到達したる時代である。玆に於て彼れは二天一流を立て(最初は二刀一流と稱す)初めて一家を爲したのであつた。然し乍ら彼れが二刀流を立てし其の萠芽は、既に十三歳以前十手術の妙味を劍道に應用せし時代からと言ふ事が出來る。

武藏が、二天一流を立て、之れを書物に認めしものが、即ち有名なる五輪書である。同書は寛永二十年十月上旬に稿を起し、正保二年に完成してゐる、而して彼れは正保二年春頃より病にかゝり、同年五月十二日、五輪書の序を書き添へ、寺尾勝信、同信行に、五輪書、三十五ヶ條の書を、それぐ\相傳し、其他知人、家人等に記念物を送り、同月十六日自戒書(獨行道)を書して辭世の辭に代へ、十九日行年六十二歳を以つて、熊本千葉城にて逝去した。

武藏は、劍法のみ天下無比であつたのでなく、全身之れ智謀であり、全身之れ膽であつた。彼れは絕對、他力を頼まず、神佛の加護を祈らず、飽くまで自力を以つて勝ち拔いた。彼の吉岡淸十郎及び同又七郎と試合せし時は、敵の意表に出で、敵の周章狼狽する妙機を捉え、一擧勝を制せしが如き、又有名なる佐々木小次郎との試合に於ても、慘々敵の心をイライラ(イゝダゝ)せ、憤怒せしめ、昏惑させたる上、一刀の下に打ち倒せしが如く、全々智と、膽と、腕にて、戰つたのであつた。

他流の始祖の多くが、神佛に祈願し、他力に希求したると、其の根本を異にしたるは、留意すべきである。然し武藏も神佛を、充分尊敬した、唯助力を賴まなかつたゞけである。

大東亞戰爭に於ても、この武藏の心掛けが必要である。即ち我が國は、神國である、神の助力があると過信し、自已錬成、國力必揚を怠つたならば、飛んだ負を取らねばならぬ。

「天は自ら助くるものを助く」

の心得は千古不滅の眞理であらねばならぬ。

次に二刀流と他流とを比較すれば、

一、神道流、影流、一刀流等は、太刀數多く之れに種々術名を付し、表藝、裏藝、或は高上極意等稱し、或は秘事秘傳と唱へ、或は一子相傳、一國一人印可等の法を設けて、授くるに誓紙、誓文等を取るを慣習としたが、二天一流は術名簡潔なること。

一、即ち二天一流は

イ、三つの先——懸之先、待之先——體々之先。

ロ、五法の構へ――一、喝咄切先返之構、二、儀談之構、三、裒形之構、四、重氣之構五、右直之構。

あるのみ。

一、秘事秘傳、誓紙、誓文等の類一切なきこと。

一、殊更修業の順序を固執せず、各人の理解し易き劍理、成り易き業より敎へ、順次難事に進む、自由敎法を取りしこと。

一、「構へありて構へなし」の如く、大乘的劍の奥義を主眼とせしこと。

一、切紙、目錄等の書傳なく、實地の型にて相傳せしこと、（但し五輪書、三十五箇條文は臨終の際、一つは寺尾勝信、一つは同信行に相傳せしは前述の如く爾來二天一流に於ては、他流の免許皆傳に代へ五輪書を相傳せり）

一、他流に於ては、多く宗敎、儒敎等に根幹を求め、神秘奥妙を虎の卷とせしが、二天一流に於ては、此一流の見たて實の心を顯すのみであること。

等々である。

最後に、二天流の極意は、地、水、火、風、空の五卷に亙り、頗る長文にて、微に入り細

に亙り、懇親に說いてあるが、其の中、

「風ノ卷」

一、他流ニ太刀ノ構ヲ用ユル事

の條ノ一節は、二天一流の極意全部を含蓄するものであるから、左に之れを掲げ、本節を結ぶことゝした。

「太刀ノ構ヲ專ニスルコト、ヒガ事ナリ。世ノ中ニ構アランコトハ敵ノナキトキノコトナルベシ、其仔細ハ昔ヨリノ例ヒ今ノ世ノ法ナド丶シテ、法例ヲ立ル事ハ勝負ノ道ニハアルベカラズ。ソノ相手ノアシキヤウニ匠ムコトナリ、物每ニ構ユルト云フ事ハユルカヌ處ヲ用キル心ナリ。或ハ城ヲ構ユル或ハ陣ヲ構ユルナドハ、人ニ仕掛ケラレテモ、ツヨク動カス心是常ノ義ナリ。兵法勝負ノ道ニ於テハ何事モ先手先手ト心掛ル事ナリ。構ユルト云フ心ハ先手ヲマツ心ナリ、能く〳〵工夫アルベシ、兵法勝負ノ道、人ノ構ヲウゴカセ敵ノ心ニナキコトヲシカケ、或ハ敵ヲウロメカセ、或ハムカツカセ、又ハオビヤカシ、敵ノマギル丶處ノ拍子ノ利ヲウケテ、勝ツコトナレバ、カマユルト云後手ノ心ヲ嫌フナリ。然ルユエニ我道ニ、有構無構ト云テ、構ハアツテカマエハナキ、ト云フ所ナリ。大分ノ兵法ニモ敵ノ人數ノ多少ヲオボエ、其戰場ノ所ヲウケ、我人數ノ位ヲ知リ、其德ヲ得テ人數ヲ立テ、戰ヲ初ムルコト是合戰ノ專ナリ。人ニ先ヲ仕カケラレタル時ト、我人ニ仕カクル時トハ其利不利一倍モカハル心也。太刀ヲ能ク構ヘ、敵ノ太刀ヲ能ク受ケ、能ク張ルト覺ユルハ、鑓長太刀ヲ以テ柵ニ振リタルト同ジ。敵ヲ討ツ時ハ又柵木ヲ拔テ、鑓長太刀ニ使フ程ノ心ナリ、能々吟味アルベキ事ナリ」

宮本武藏、寵愛の高弟に寺尾藤兵衞信行がある。武藏の門人には、弟、岡本馬之助、養子、宮本伊織、青木城右衞門、竹村與右衞門、林資龍、石川主稅等があるが、何れも武藏の氣に入らず、免許を受けしは信行一人である。

信行は細川越中守忠利の小姓なりしが、神童と稱され、武勇に富み、智謀に長け、長じて二天流の奧義を會得した。其の子、新免辨助信盛は、武藏と信行の約に依り二代を繼いだ。

（備考）

江戶時代に於ける劍道の流派は、無慮五百餘流を數ふるに至りたるが、一々玆に記述するを避け、附錄として槪記する事とした。

- 宮本武藏
  - 宮本伊織
  - 寺尾孫之丞勝信
  - 寺尾藤兵衛信行
    - （寺尾孫之丞勝信・寺尾藤兵衛信行）―新免辨助―村上平内正緒
      - 同平内正勝―長尾徒山―高田十兵衛―井田仁九郎―曾根權七郎
      - 同八郎右衛門―同大右衛門―同貞助―牧次郎左衛門―財津久左衛門―村上大右衛門
  - 青木城右衛門（鐵人）―盛次（山田左近大夫）
    - 横山平兵衛―加藤信勝―松井親重（松井二刀一刀元祖）
    - 鈴木景忠
  - 竹村與右衛門（鰡角）
    - 林資龍―八田知義―左右田武助―同行重
    - 彦坂忠重（圓流開祖）
    - 福宮親茂

第九章　幕末劍道界の偉觀

江戶時代に於ける劍道界は、全期を通じて隆昌を極めたるが、其の內實に至りては、一樣に論ずる事は出來ない、前後二百五十年を通じ、前章に述べたる如く、波の如き起伏あり、或は實戰的劍道、或は華法劍道、遊戯的劍道、或は政略的劍道と言ふが如き複雜性を有してゐた。

而かも中期以後幕末に至りては、劍客百華爛熳の觀があつたが、吾等が特に劍道界の偉觀とするは、名劍士が、劍の道のみならす、人として、時代人として大をなし、皇國の一大轉換期に際し、多大の貢献をなしたる壯擧を稱へんと欲する爲である。依つて特に其の代表的人物と流派を擧ぐる事とした。

◇男谷精一郎

江戸時代、天保弘化の頃、天下の劍豪として、三羽烏と稱された名劍士があつた。男谷精一郎、大石進、島田虎之助である。男谷は靜齋と號し、名は信友と言つた、父新次郎信連は幕士であつた。男谷は二十歳の時、親族の男谷彥四郎の養子となつたが、精一郎は若年より武藝を好み、劍道を岡野眞帆齋、兵法を平山子龍に學び、智謀深く、膽力豪大而かも謹嚴にして稀に見る逸材であつた。

男谷は直心影流長沼四郎左衛門の門に遊んだが、其の極意を得るに至り、流派を超越し他派とも交流修業を積んだ。天保の改革を断行した有名なる水野越前守に天下一と激賞され、家中一般の指南役を仰せつかつた。

長竹刀で有名なる大石進も、當時在野中無敵の達人として、人も許し吾れも許した千葉周作も、一度男谷と劍を交ふるや其の力量遠く及はず、愴惶として劍を措き爾來交を乞ふに至つた。

安政二年幕府が、講武所を設けしは、男谷の建議によるもので、本所龜澤町に道場を設け子弟を教育した。門人には、榊原鍵吉、三橋虎藏、横川七郎等有名である。

幕末の志士、勝海舟とは姻戚の間柄にて、海舟初め劍の道にて身を立てんとしたが、男谷は時世の緊迫と皇國の前途を説き、大に意見をしたので國士として奮ひ立つに至つたと言ふ。男谷は初め小十人の祿高より、講武所頭取、師範、奉行と累進し祿高三千石に昇進した。公務に鞅掌し、民間に活躍せざりし爲、他の名劍士程世に謡はれざりしが、人物、劍法、共に他の士に優る事數等、元治元年六十七歳にて沒した。

彼れが激務の傍ら常に讀書に親しみ、書畫の雅致を愛したるは人のよく知れる逸事である。

倘直心影流には、奥山休賀齋、山田平左衛門等の名劍士があつた。

◇島田虎之助

島田虎之助は、豊前中津藩の藩士で、幼少より武藝を好み、藩の師範に就て劍を學び、十六歳にして同門一の使ひ手となつた。虎之助は更に武を研かんと、九州一圓を遍歴し、武者修業したが、武法未だ熟さゞるを知り、歸國して、天中寺といふ寺院に參籠し祈願をこめ大に得る所があつた。

天保九年江戸に出で、諸々の道場を廻つたが敵するものなく、當時驍名高き男谷の道場を訪づれた。男谷は穩健な人で虎之助を控へ目に扱つた。虎之助は噂程でもなき劍士と嘲り、去つて下谷下車坂に藤川流の達人、井上傳兵衞を訪ね仕合したるに、忽ち打込まれてしまつた。虎之助は傳兵衞の門生たらん事と乞ひしに、貴所は將來大に望みあり、宜しく良師を選ぶべしと、改めて男谷に紹介した。玆に於て男谷は眞劍に虎之助と立合つたが、其の力量電魔の如く、虎之助は一擊の下に平伏してしまつた。斯くて男谷の門に修行すること數年、師の印可を享け、諸國を遍巡し武法を研き、或は儒者或は僧侶文藝人等を訪ねて修養の資糧を得、大に悟入する所あつた。

數年後江戸に歸り、深川靈岸島に道場を設け、見山と號し子弟を養つた。見山は、殊更流派を唱へず、又劍道を賣りものにせず、專ら名利を離れて、儒と劍の一致を說き、人物の鍛錬に重きを置いた。惜しい哉三十九歳を一期として病死した。（大石進は別項にあり其項參照）

◇天眞一刀流の寺田五郎右衞門

寺田五郎右衞門宗有は一刀流天眞傳と稱し、之れが開祖である。寺田は上州高崎松平右京太夫の世臣にて、一刀流初代中西の門に入り、後二代目の時代となつたが、二代は韜袍を主唱したので、五郎右衞門は、面、小手などの防具は、劍法の眞意に背くと解し、中西の門を去り、平常無敵流の池田八左衞門成春に十二年間師事したが、主君高崎侯の下命により、再び一刀流に復歸した。時に三代目中西忠太の時代であつたが、飽く迄竹刀を持たず、專心組太刀の研究にふけり、且白隱禪師の門統たる東嶺和尙に接心し、或は斷食、或は沐浴して悟道に入り、遂に禪の印可を得て天眞翁と號し、劍を天眞傳と稱した。其の型に對する眞劍さ、熱烈さを以つて範とするに足る。

門人白井亨は師に劣らぬ名劍士で、八寸の伸曲尺を工夫し、又師に從つて禪道に入り心膽を練つた。明道論、神妙錄、天眞錄等は有名なる著書である。特に當時長竹刀を以つて江戸中を荒し廻り、天下無敵で鳴らした大石進を破り斯界を驚愕せしめしは人のよく知る所である。

◇淺利又七郎

淺利又七郎義信は、武州松戸の出身、小野派一刀流三代中西子啓に學んだ、又七郎は元淺蜊賣りであつたが、劍道が好きで、中西の臺所から道場に入つて、毎日熱心に見學してゐたが、遂に許されて門人となつた。上達も早く、小濱の酒井侯に望まれ嫡子となり、武名一世を壓し淺利の突と言へば、當時驚嘆せざるはなかつた。有名なる千葉周作の師にして、周作に囑望し己が姪を配して養子としたが、武法の上に意見の衝突あつて不緣となり、周作は北辰一刀流を立てた。

其の後四代目中西忠兵衞子正の二男を養子とし、淺利の家名を讓り、已れは隱退したが、二代又七郎は、義明と名のり、家父に劣らざる劍名を馳せた。之れ即ち有名なる山岡鐵舟の師である。

山岡鐵舟は、小野派の遣ひ手として、人も許し吾れも自負してゐたが、文久三年始めて淺利

義明に出合ひ、淺利の偉力に服してより改悟一番禪道に參じ、禪劍一致の妙境に達せしは有名である。（其項參照）

◇北辰一刀流の千葉周作

北辰一刀流の始祖、千葉周作は一刀流中西子啓の門人である。周作の父、忠左衞門成胤は、南部藩の醫士であつたが、先祖傳來の劍法北辰流をよくし、北辰無双流と稱した。後江戸に出で醫業の傍ら劍道を敎授した。周作は幼より其の血統を受け、初め淺利又七郎義信に學び、其の偉材を認められ、將來を囑望、後繼者たらしめんと、家元たる中西忠太の直門に入れ修業せしめた。然るに周作は武法の上に一新軸を發見し、淺利と意見合はず、獨立創成、北辰一刀流を立て、有名なる神田於玉ケ池に道場を設けた。

北辰一刀流は特別新しき刀法に非ず、唯從來一刀流の武法が下段星眼に限られてゐたのを、戰ひは機微應變を要すとなし、三段四段自由自在に劍を扱ふ法である。而して傳授の方法を簡にし、時流に迎合したので忽ち天下の人心を刺擊し、門に集るもの踵をつらねた。

水戸公の弘道館に聘せられ、顧問、師範となり百石を給された。二男榮次郎は、少年より父に優る俊英にて、多く代稽古をつとめ、彼の大石進を懼れしめし程であつた、門人には、海保帆平、井上八郎、塚田孔平、稲垣定之助、庄司辨吉等があつたが、幕末の志士、坂本龍馬、清川八郎、櫻田門外の志士有村次左衞門等も千葉の門下である。千葉は劍の道以外特に國事に奔命しなかつたが、皇道精神に燃え一身を挺して、王政復古に心瘁したる志士が、揃つて同門より出でしは、注目に値する。

◇神道無念流の名劍士

始祖、福井兵右衞門嘉平は元祿十五年下野國都賀郡藤葉村に生る、初め同國一圓流田中權內に學び、更に諸國を修行したが、極意を悟得するを得ず、依つて信州飯綱權現に參籠、數十日漸く無我無念の境地に入り悟りを開き、一流を立て神道無念流と稱した。

享保の頃三十歲前後に、江戸四谷に道場を開き、門弟を養つた。

二代戸ケ崎熊太郎暉芳は、師に優る力量あり、二十一歲の時極意を授けられ鄉里埼玉に道場を開いたが、後江戸に出で麴町二番町に道場を建て、大に神道無念流を擴めた。神道無念流が有名になつたのは熊太郎の時からである。而して孫弟子に有名なる齋藤彌九郎を生んだ。彌九郞は即ち四代であり、五代二世彌九郎、六代根岸信五郞又維新前後の名劍客であつた。

◇齋藤彌九郞

神道無念流戶ヶ崎熊太郞の撃劍館は門人岡田十松之れを次ぎ又、鈴木斧八郞一派をなし、大に世に行はれたが、其の後人材なく寂寥を極めた。然るに岡田の門人齋藤彌九郞が突如として現れた。四代彌九郞は越中國の一農家の伜であつたが、祖先が武家であつた爲、大に立身せんと十三歲にして鄕里を飛び出し、越後高岡にて丁稚奉公をなし、十五歲にして江戶に出た。そして旗本能勢祐之丞に奉公し、謹嚴身を持しよく主家に仕へ、夜々窃に讀書或は劍道を樂んだ。主家より薦められ神道無念流岡田十松の門に入り劍道を學んだが、二十歲にして代稽古をなすに至り、遺子二世十松を助けて道場を守つた。

彌九郞二十九歲の時獨立して、飯田町に道場を開き練兵館と稱し門弟を養つたが、其の後援者は江川太郞左衞門であつた。江川は同門であり且つ彌九郞を囑望し一切の世話をした、彌九郞又心血を注いで之れに報ひ、江川太郞左衞門の爲した仕事は、殆んど彌九郞がなしたと言つてもよい程である、品川に臺場を築いたのも其の一つである。

彌九郎は、內は門生に對し文武兩道を嚴格に指導し、外は水戶藩と親交し、藤田東湖、渡邊華山、高野長英等と懇意に、且天下の志士とも交流し、又越前家、毛利家等の厚遇を受ける等一劍士と言はんよりも當代主要なる大政客であつた。

門下には、高杉東行、桂小五郞（後の木戶孝允）、太田市之進、品川彌二郞等有名である、以つて彌九郞が、明治維新に蔭乍ら盡瘁したる功績の偉大であるを知るべきである。

彌九郞は晚年篤信齋と稱し、文事、書畫の風韻を樂んだが、明治四年七十餘歲を以つて世を去つた。

三男歡之助は、鬼歡と呼ばれ其の劍法頗る强く、一世を恐れしめし程であつた、長男新太郞は、彌九郞龍善と稱し五代を次いだ。

◇金子健四郞德褒

神道無念流、金子健四郞は、三河國吉田城下、即ち豐橋の產で、魚屋の倅である。餘り世に知られてゐないが、幕末勤王の大劍士である。健四郞十三四歲より、寺小屋通ひさへ止めさせられ、魚の振り賣りをなす傍ら、鈴木吉右衞門に劍法を學んだ。十九歲の時吉田藩に足輕に雇はれて、江戸の地を踏むに至り、神道無念流杉山東七郎及び岡田十松に學んだ。上達も早く幾年ならずして、齋藤彌九郎と肩を並べるに至つた。

武田耕雲齋の援助を得て、江戸小石川船河原橋（水戸屋敷）に百錬館といふ道場を開いた。時に健四郎二十四歳であつた、其の門下は多く水戸藩士である、後年櫻田門外に井伊大老を討つた水戸浪士十餘人は皆それであつた。

二十六歳の時、水戸烈公に抱へられたが、從僕が幕吏を斬つた事から、浪人となり、道場も大震災で燒けたので、全くの浪士として、自由に勤王に奔走するに至つた。

健四郎は、同鄕渡邊華山に畫を學んで、昵懇の間柄であり、水戸の藤田東湖、武田耕雲齋は大なる後援者、同流齋藤彌九郎は友人、悉く勤王家であり、其の他吉田松蔭、西鄕吉之助、橋本左內、賴三樹三郎、梅田雲濱等とも交遊し、大に倒幕勤王に奔命した。

櫻田の變は、健四郎が黑幕だと稱された。

◇大石神影流

幕末に於て、長竹刀時代を作つた、歷史的劍士大石進の始稱である。始祖神影流上泉伊勢守信綱より、九代大石太郎兵衞藤原種行に至り、代々柳河藩士であつたが、柳河藩は槍が盛んで、種行は槍と劍の師範であつた。進は少年時代は不器用であつたが、十八九歳頃よりメキ〳〵上達し、槍術より思ひついて、長竹刀を創め大に勝算を得た。(それ迄は撓であつた、尚鐵面も改良した)修錬後江戸に出で、名だたる道場を荒し廻つたが、大石に及ぶものは一人もなかつた。之れに刺撃され世は擧つて長竹刀を用ふるやうになり、所謂長竹時代を作つた。(其の項參照)

◇鏡新明知流の桃井春藏

始祖、桃井八郎左衞門直由は、大和郡山の出身、夙に劍道を好み、諸國を修行し、柳生流、一刀流、戸田流、堀内流等を學び、其の奥義を悟得し、一派を立て鏡新明知流と稱した。安永二年江戸に出で、茅場町に道場を開いた。直由は劍法にも長け、外交にも長じ一時に武名を揚げた。其の子桃井春藏直一、二代を次ぎ、三代桃井春藏直雄、四代桃井春藏直正は、天保九年十二月、十四歳にして直雄の門に入り、十七歳にして將來を囑望され養子となつた。二十四歳の時極意皆傳を受け、嘉永五年二十八歳にして、四代を嗣いだ、之れが有名なる當代三劍士、桃井春藏、千葉榮次郎、齋藤新太郎(二世彌九郎)の一人である。直正は其の名の如く武法極めて直く正しく見事であつた。

桃井の門下には、四天王とて、一、上田馬之助、二、阪部大作、三、久保田晋藏、四、兼松直廉があつた。

五代上田馬之助は、劍頗る功妙であつたが、氣が荒く、銀座松田屋の刄傷は有名である。

第十章　天保安政時代の劍士

大石進に刺擊され、長竹刀出現時代に於ける、重なる劍士を擧ぐれば、

小野派一刀流　中西忠兵衞子正
同　淺利又七郎義信
天眞一刀流　白井亨
北辰一刀流　千葉周作成政
同　海保帆平
同　千葉定吉
直心影流　男谷精一郎信友

同　島田虎之助
同　藤川彌次右衞門
同　長沼笑兵衞恂郷
同　井上傳兵衞
神道無念流　齋藤彌九郎善道
同　岡田十松利章
同　秋山要助正勝
同　渡邊邦造
心形刀流　伊庭軍兵衞秀業
鏡心明智流　桃井春藏直雄
戸田流　高柳又四郎義正
忠也派一刀流　石山權兵衞
同　近藤彌之助
同　今堀千五百藏

同　　　　浅利又七郎義明

◇幕末大集會の顔觸

天保十二年、老中水野忠邦、政事の大改革を行ひ勤〻と武事の奬勵を決行、他流試合の禁を解きし以來、俄然、武者修行再興するに至り、各藩の劍士は、多年蓄積したる手腕を發揮せんと、各藩とも、試合稽古か流行し集會も頻りに行はれたが、嘉永四年五月十九日、江戶藤堂邸に擧行されたる大集會には、當時の一流劍士が集合した、即ち

北辰一刀流　千葉榮次郎
神道無念流　齋藤新太郎
鏡新明智流　桃井春藏
直心影流　天野時曹
神道無念流　野原正一郎
大石神影流　大石進
直心影流　島田虎之助

神陰流　武藤爲吉
直心影流　阿部右源次
同　關繁馬

安政五年十月三日、松平容堂侯、江戸鍛冶橋邸にて大集會を催し、好みの五十二組の試合が行はれた。

師範役として、出頭したるものは、

齋藤彌九郎　石山權兵衛　島村勇雄　千葉榮次郎　桃井春藏

の五名であつたが、參加したる多數の劍士の中、幕末の勤王家として知られたる、桂小五郎坂本龍馬等がゐたのは注目すべきで、海保帆平、石山孫六、上田馬之助、阿部大作、眞貝寅松（忠篤）等の壯年名劍士も澤山にゐた。

第十一章　講武所の新設

安政三年四月、江戸築地小田原町に、講武所が竣成し、奉行に久貝因幡守、池田甲斐守が任じ、下に頭取、師範、教授方、世話掛、世話心得等を置いた。而して次の如き達示を以つて各方面へ通達した。

達

一、今般厚キ御趣旨ヲ以、劍道、槍術、砲術、水泳等演習ノ爲メ、講武所御創設被仰出、築地講武所此節御成功相成候間、諸役人始御旗本、御家人、併伜、厄介等ニ至迄、有志之輩罷出、眞實ニ修業可被致候、尤當四月ヨリ稽古相始候筈ニ候條、委細ノ儀ハ久貝因幡守、池田甲斐守ヘ可被承合候、且又後日ハ陪臣浪人等モ修業ノ爲罷出候儀御差許可相成候得共此儀ハ追而可相達候

規則覺書

一、劍術丁日（偶數日）槍半日（奇數日）砲者術日々何れも朝四時(よつどき)（午前十時）より夕七時(なゝつどき)（午後四時）迄稽古有之候事

但劍術砲術正月十二日始十二月十八日納　槍術正月十三日始十二月十七日納何れも六月朔日より七月晦迄朝稽古六半時（午前七時）より四半時（午前十一時）迄之事

一、水泳五月より八月迄四ヶ月間朝四時（午前十時）夕七時（午後四時）迄稽古有之候事

但始納之日限講武所御門に掛札にて書出し可申候事

一、五節句八朔七月十三日より十六日迄遠御成
御成有之之節は稽古休之事
一、講武所において稽古願度候ものは名前書講武所御玄關に自身持參いたし候か使者を以差
出可申候且總裁並頭取之内最寄次第宅へ差出候ても不苦候事
紙は何にても不苦寸法凡如圖（略）
案三つ、服裝、出席退席の手續等略す。
一、劍術槍術は仕合砲術は西洋法隊伍調練之事
一、劍術諸道具鐵砲等用意いたしかたき分には隨場所限拜借被仰付候事
一、空砲之合藥被下候事
一、自分持參之道具たりとも撓は柄共總長さ曲尺にて三尺八寸より長きは不相成たんぽは革
にて圓徑三寸五分より小さきは相ならず候事
安政三年四月　講武所

□師範及び致授方

男谷精一郎信友　安政三年頭取兼師範　文久二年下總守に任じ三年九月奉行となる、
　元治元年卒去まで
伊庭軍兵衛(軍平)　文久元年師範　慶應二年廢止まで
戸田八郎右衛門　文久年中師範
今堀千五百藏　文久年中師範　慶應二年廢止まで
松平上總介　萬延元年教授方　文久年間師範並　元治年間師範(在任暫時)
榊原鍵吉　萬延元年教授方　元治師範　廢止まで
近藤彌之助　萬延教授方　慶應　師範廢止まで
三橋寅藏　萬延教授方　元治　師範廢止まで
戸田三郎兵衛　元治師範
湊　信八郎　萬延教授方　廢止まで
中根芳三郎　萬延教授方　廢止まで
本目寅三郎　萬延教授方　廢止まで
柏木大助　文久三年教授方　廢止まで

桃井　春藏直正　　文久三年教授方　　廢止まで
齋藤彌九郎義龍　　文久三年教授方　　廢止まで
井上　八郎淸虎　　文久三年教授方　　廢止まで
間宮　鐵太郎　　元治元年教授方　　廢止まで

此の外、安政年間に教授方あり、仍世話掛より、教授方に進んだもの等ある。山岡鐵舟は當時世話心得であり、高橋泥舟は廢止前に槍術教授方になつた。

□講武所劍法型

講武所劍法の型は、男谷精一郎の建議案が用ひられ、柳生流は將軍家御流儀なれば之れを遠慮し、小野派一刀流を主流として多少他の派流を加味し行はれしものであつた。

第十二章　江戸時代總論

江戸時代は、特に五期に分ちて記述せし如く、劍道界は世相の變遷と共に波瀾が多かつた。然し一貫したるものは、天下泰平にして、實用に遠き劍道の隆昌時代と評することが出來る。

然れども劍道は元來戰鬪が根本なれば、實用に遠くとも、戰ひ捷つ爲に、種々研磨改革され或は傳來の流派に新工夫を加へ、分派を生み、或は更に新流派を立て、或は武具の發見、改良等、劍道發達の爲には 種々貢献する處多かりし時代である。

而して特に銘記すべきは、武士道の完成である。鎌倉時代に崩芽したる武士道は、德川の治世と政策にはぐくまれ、庶民の代表階級たる武士に、劍道てふ魂と、文敎てふ糧を與へ、日本人として今日尙世界に誇る「人」を成さしめた。

是れ即ち江戶時代の特產である。之の武士道は、大東亞共榮の大精神を成す基本であり、且比較的容易に大東亞人に理解せしめ得る、現下緊要の人道である、從つて今日大東亞人の硏究せんとする標識である。

唯惡むらくは、當時の武人が、多年の武家政治、特に德川の治世に馴れ、肇國精神の根本たる、皇室中心思想に缺くる處ありし一事なるが、本文にて述べしが如く、武士道の完成に依り日本人たる誇りを完備したる餘勢は遂に滔々として、大乘精神を生み皇國をして、

「天皇政治」

の本來の姿に立ち歸らしむるに至つたのである。

身はたとへ武藏の野邊に朽ちぬとも
やむにやまれぬ大和魂

は蓋し德川治世の生みし、花であり實であつた。

註　新刀の現出

德川時代に於て、突如として新刀といふものが現れた。今日刀劍愛好家にして、仍且新刀と古刀との區別を怪しむ士がある。寔に尤もなる事で、元來新刀と古刀の區別は、慶長五年（天下分け目關ヶ原の合戰の年）を境とするのであるが、別に重要なる意義があるのではなく、慶長年間に古刀の銘鑑が出版された、その銘鑑に慶長五年までの、刀工の名が掲載されてゐたので、其の後の刀工の鍛造したるものから、新刀と名づけたまでゞある。

古刀の最末期に、山城に埋忠明壽が出た、明壽は刀匠であり金工の大家であつた、其の作、時流に乘り、新刀の始祖とも言ふべき位置をなした、門下、信濃守國廣、肥前忠吉、又傑出し絢爛眼を驚かすものがあり、新刀は、忽ち一世を風靡した。元來、新刀は絢爛雄壯とは言へ、古刀の華麗優美高尙なる品位に比し、甚だしく劣るのみならず、古刀は曲つても折れず、新刀は概して折れ易いとされてゐる。

慶長から寛文頃には、名匠東西より簇出した。江戸には長曾根虎徹（入道興里）野田繁慶が西の、信濃守國廣、肥前忠吉と相對峙し、大阪には、井上眞改、津田越前守助廣、江戸の、初代二代の越前康繼が將軍家に重用され、京都では、丹波守吉道、栗田口一竿子忠綱、紀州には、南紀重國、會津の三好長道、和泉守兼定、仙臺の國包、肥前忠吉の子近江大椽忠廣、虎徹の子長曾根興正、津田助直、二代陸奥守包保、水田國重、坂倉玄之進照包、加州包若、伊賀守金道、河内守國助、伊勢守國輝等錚々たるものであつた。之等の巨匠は其の子孫相次いで、聲名を競つたが、代が下る(さが)につれ、其の技其の質も降りしは惜しい事であつた。

元祿以後、享保頃には、吉宗將軍大に刀劍を愛好し、全國の名刀を鑑査せしめて、名物牒を撰し、全國著名の刀工を濱御殿に集めて競技せしむる等、之れが奬勵に努めたので、果然名匠が現出した。中にも水心子正秀は　斷然頭を抜き、鍛工界に一大改革を與へた、即ち前述の如く、應永以後古刀の鍛工法が絶滅し新刀は絢爛浮薄に流れしを、決然として古刀の鍛錬法を採り、苦心慘澹、卸し鐵なる古刀式鍛錬法を發見し、且つ刀劍用論なる著書を出版し、刀は武なり、武は實戰なりと論じ、外形のみ華麗なる刀劍を排斥した。

玆に於て彼れの名聲は天下に鳴り、忽ちにして門下三千を數ふるに至つた。而し乍ら、元來鍛刀術は、鍛刀者の信念と、精神力に依るもので、古刀の鍛錬法と一口に言へど、當時は一般に人心新刀術に馴れ、師の敎ふる古刀式鍛刀法を根底より改むる能はず、門下は多く依然として新刀の鍛法を出でず、僅かに細川正義、庄司直胤等を得たるの外、見るべき工匠なく、天保年間に至り、山浦淸麿が妙技を揮ひ、四谷正宗と稱されたるを最上とするのみである。

德川時代の刀匠は、寬文延寶を盛時とし、此の時代は、刀劍は武士の魂として尊重され、刀匠も亦貴重なる者として將軍初め各藩に於て、扶持せられ、或は受領され、己が藩より名工の出ずるを誇として、厚遇尊重されたので、從つて刀匠も一意專心技を磨き、想を練る事が出來たのであつた。

然るに寬文以後に於ては、世は愈々士氣衰へ、享保の一時的盛時はあつても、二三の刀工を除くの外、名匠も出でず、愛刀の念も薄らぎ、漸次衰微して、遂に明治の廢刀令と共に、刀工全く影を絕ちしは、本文の劍道界と全く其の軌を一にするものである。

然れども輓近各地に刀匠の出現を見、やがては名刀匠の出で、日本刀の名聲を博することを得ば、邦家の幸甚とする處である。

第七篇　最近世

（明治、大正、昭和時代）

第一章　混沌時代

明治維新は、二千年の久しきに亙つた、公卿政治、武家政治を、一蹴し、一天萬乘の天皇政治に立ち歸り、眞の皇國の姿を輝然たらしめし大變革であつた。

然れども、事重大であり突嗟の事とて、明治元年より、西南戰爭の終末頃迄は、混沌として世道人心は修まらなかつた、それは劍道界を通じて見る時、一層明確に知る事が出來る。

即ち明治政府となるや、東京では、町奉行を廢して、之れに代ふるに刑法官を置いた。而して明治三年二月擊劍を科して、稽古せしめたが、翌年五月突如之れを廢してしまつた。これが爲中央官界に於ける日本劍道は中絕し、從つて各地方官廳に於ける劍道も同樣の運命に陷つたのである。

次いで明治六年には、民間に撃劍興行が盛んとなり、政府は其の食はんが爲の興行劍術は許したが、其の他の公私の劍道を犯罪嫌疑者として禁止してしまつた。

茲に於て、劍道は全く斷絶した。然るに西南戰爭が勃發し、實戰の結果、劍道が必要なるを認むるや、明治十二年、警視局は、愴惶として劍道修錬に乘り出した。以つて其の混沌振りを知る事が出來やう。以下其の精細を記述する事とする。

◇廢藩後の旗本

世は明治となつて、薩長の領地返上に續き、各藩は領土を奉還、或は政府より返上を命ぜられ、藩を廢して縣を置き、舊藩主を知事に任命した。

續いて脫刀令が布告された。大政官布告第三百九十九號にて、

散髮、制服、略服、脫刀共可爲勝手事

但シ禮服ノ節ハ帶刀可致事

とある。當時新派の連中は、早速脫刀して散髮し、文明開化の空氣を意氣揚々と吸つたが、保守派は刀とチョン髷に未練を殘し、之れと別るゝ事が出來ないものが多かつた。明治九年三

月、更に廢刀令が出た。

大政官布告第三十八號

自今大禮服着用並ニ軍人及ビ警察官吏等制規アル服着用ノ節ヲ除クノ外帶刀被禁候

但シ違犯者ハ其刀取上事

斯くして、純正なる日本皇國に立ち直つたと同時に、國の扉を開いて、嵐の如く歐米文化を吸收した。之れが爲、多くの旗本や劍士は、職を失ひ食ふに困つた。

直心影流の榊原鍵吉は、窮餘の策として、擊劍興行を考案した、即ち擊劍會社を創立し、舊旗本の有志連名で、擊劍興行を致さでは、活計相立ち申さずとの理由で、晴天十日間興行を願つて許可となつた。依つて明治六年四月十一日より、東京淺草見附外で、初日を打つた。

嗚呼、劍の道は遂に、興行にまで墮落した。著者は斯る悲しむべき頁を綴るに、忍びざるも而かも史實は如何とも爲す能はず、史實に忠實ならん爲、興行の大略を記さんとするが、之の擊劍興行を發案せし遠因は、既に廢藩直前、長竹刀時代の曲藝に其の端を發せし事實を見逃してはならない。

◇撃劍興行時代

撃劍興行は、相撲と其の形式を同ふし、東西二組に分れ、呼出しが、誰々殿と呼出し、見分役は日月の大扇を持ち、双方見合せ、扇を引揚げて立合す、或は三本勝負、一本勝負等あつた。而して勝者は、見分役が勝名を呼ぶと一禮を行ふ、敗者は面を臥せて引込む等は、相模の通り、東西は各々二十組位とし、女の薙刀と男の太刀、太刀と鎖鎌との勝負などもあつて、物めづらしさに毎日大入滿員であつた。番附なぞも發行して大人氣であつた。

七月には、名古屋に於て、眞貝虎雄、西山倉藏、太田當道の三人が會礎となつて興行し、八月十一日には、九州久留米に於て、大石陽遺、野村重次郎、香戸眞佐喜が主催し、九月には、大阪に於て中津藩士奥平嘉一郎が主催し、何れも大評判で、好成績であつた。

斯く豫想外の人氣を得たので、本場の東京では、撃劍興行が、一躍二十ヶ所となり三十ヶ所となり、遂には四十ヶ所に及んだ、其の重なるものに

淺草西福寺內　齋藤彌九郎

芝櫻田久保町　島村勇雄

京橋越前堀　渡邊樂之助
本所御船藏前　千葉東一郎同之胤

等であつた。然し餘りに同業者が殖えた爲、勢ひ觀客が減り、自然競走的人氣取りを演じ、種々曲遣ひや、卑藝をやつて見物人を喜ばすに汲々とし、遂に擊劍芝居と呼ぶに至つた。東京で行きつまると、地方巡業が盛んになつた、又地方から元祖の柳原鍵吉や、有名なる一流劍士を迎へて、興行する方策も行はれ、遂には緣日なぞの見世物となつた。斯る有様にて劍の道は河原乞食になり下つたので世人は、「劍術遣ひ」を乞食とまで見下げるに至つた。

◇强硬劍士の苦鬪

藩の祿を喰んでゐた劍士連が、意氣地なくも、食ふ爲に擊劍興行になり下り、遂には緣日の見世物となつて、識者を顰蹙せしめしに反し、一方民間に於ける劍士は、多年鍊成したる日本武士道を、飽く迄貫かんと、雄々しくも悲壯の決意を固めしものも多かつた。

中にも伊勢國龜山に、山崎利右衛門があつた。廢藩後も堂々、龜山演武場を繼續し、多くの子弟を敎養した。又東では明治七年一月、小澤寅吉、水戶に東武館を建設し、天下の俊才を養成した。門弟中には内藤高治、門奈正、高野茂義、檜山義質等は、後に大日本武德會劍道範士となり、尙多數敎士、精錬士を出した。

其の他にも、世の風潮と戰ひ、困苦と鬪爭しつゝ、道場を建設し或は經營を續けたが、其の惡戰苦鬪は一通りではなかつた。殊に明治七年、江藤新平の佐賀の亂あり、明治九年、神風連熊本に亂を起す等、物情騷然たりしを以つて、政府は遂に府縣に命じ、劍道を禁止したるは前述の通りである。

神代より武を以つて立ち、劍を以つて生命としたる日本國が、劍道を禁止するに至りたるは如何に當時の世相が、複雜騷擾なりしかを知るに充分である。

然るに、二千有餘年、脈々として流るゝ武道の血潮は、止めんとして止まるものに非ず、蔭に而かも盛んに、劍道は行はれ、前述の外京都府、龜岡町に道場を開いてゐた小關敎道は、當時三十歳の血氣に燃え、明治九年、擊劍の稽古をなす者は、國事犯嫌疑者と認むる、といふ府令が達せられたが、一向平氣で、

「吾れは國技を修むるのだ」

と昂然、親戚や門人を集めて、稽古を續けた爲に遂に捕へられて、二條城內に監禁され、半

歳後漸く嫌疑晴れ赦放されたが、其の後も擊劍を繼續した。

第二章　警視廳中心時代

明治維新直後の、混沌時代より、西南戰役となつた。同戰役に於て會津の拔刀隊及び、警視局の拔刀隊が、薩摩の拔刀隊に對抗して大に功を奏した。時の警視總監三島通庸氏は、大に感ずる所あり、即ち戰ひは火砲式戰闘のみによるべからず、大和民族の血脈を流るゝ劍の道を、本體となすべき必然性を看取し、決然として劍道奬勵に本腰を入るゝに至つた。

明治十二年、五月、警視局は先づ東京市を中心として、名だたる劍士を集め、三本試合を行つた。之れが官衙に於ける擊劍會の初めである。次いで、警視局師範として、當時一流劍士たる、梶川義正、上田馬之助、逸見宗助等を聘し、劍法指南に當らしめたが、續いて、下江秀太郎、柿本清吉、得能關四郎、三橋鑑一郎、阪部大作、眞貝忠篤、兼松直廉等の大家を續々入局せしめた。明治十七年十一月、警視廳は、本鄕向ケ岡彌生社に擊劍大會を催した。此の大會は全國の劍士が參加し、極めて盛大に行はれた。

次で彌生神社を建て、每年十月十三、十四の兩日警察官の招魂祭を行ひ、武法を奉納する事とし、明治十八年に第一回の奉納試合を擧行、全國より劍士が參加して、百八十一組の試合をした。續いて明治十九年彌生社に、警視廳武術大會を開き、諸流の型から、其の長を攝り、粹を選んで、警視廳流を定めた。

之れが委員は、師範の中から拔擢され、上田馬之助、梶川義正、逸見宗助、得能關四郎、眞貝忠篤等であつた。

警視廳の劍法は、全國警察劍道界の中心を爲し、從て又全國劍道界の指導ともなつた。因に警視廳流型は次の如くである。

警視廳流型（明治十九年選定）

居合五本

一、前　越（淺山一傳流）　一、夢想返し（神道無念流）

一、廻り掛（田宮流）　一、右之敵（鏡新明智流）

一、四　方（立身流）

劍術型十本

一、八　相（直心影流）　一、變　化（鞍馬流）

一、八天坊（提寶山流）　一、卷　落（立身流）
一、下段ノ突（北辰一刀流）　一、阿　吽（淺山一傳流）
一、二ノ太刀（示現流）　一、打　落（神道無念流）
一、破　折（柳生流）　一、位　詰（鏡新明智流）

階級は二級より七級まで、四級、五級、六級には各上中下あり。

二級は舊時の名人、三級は舊時の免許、四級は舊時の目錄、五級は舊時の切紙、であり後の大日本武德會に於て、四級は三段に相當するが、實際は其れ以上の力があつた。

◇明治天覽試合

警視廳が、本腰に劍道を奬勵し初むるや、民間にも種々なる試合が行はれた。懼れ多くも允文允武にましします　明治大帝は、武道にいたく御心を注がせ給ひ、明治十一年八月東京上野公園に御臨幸あそばされし際、親しく劍法を御覽あらせられ、種々御下問さへ賜つた。

續いて

明治十三年十月　　吹上馬場に於て

明治十六年四月　吹上御苑に於て
明治十六年五月　養勇館に於て
明治十八年八月　岡山後樂園に於て
明治廿四年四月　鍋島侯邸に於て
明治廿六年五月　青山御所道場に於て
明治廿八年十一月　廣島衆議假議事堂に於て

劍道を御親覽遊され、武道奬勵に有難き御言葉を賜つた。」

第三章　武德會中心時代

警視廳が、中心となつて武道を奬勵せしより、一旦中絕したる劍道も、俄然復興の機運に向つたが、恰も日淸戰爭の勃發となり、武道熱は本格的に興隆した。

即ち明治二十八年、京都に平安神宮を建て、桓武天皇を奉祀し、平安時代の大極殿に則り、社殿をしつらへたが、神宮が落成した時は、恰も日淸戰爭の終り頃で、戰捷に湧くに武道熱を以つてした。此の好期逸すべからずと、識者同士相集り、平安の古事にならつて、武德殿を再興し、古武道を宣揚して、國民の士氣を鼓舞すべしと、忽ち衆議一決し、遂に大日本武德會の創立を見るに至つた。

其の重なる發起人は、

平安神宮々司　壬生基修
京都市志士　丹羽圭介
同收稅長　鳥海弘毅
同川端警察署長　外警察署長

等々であつた。而して第一回の重なる役員は、

總裁　小松宮彰仁親王殿下
會長　京都府知事　渡邊千秋
副會長　平安神宮々司　壬生基修

他に商議員、常議員等があり、全國的に會員を得た。

明治二十八年十月二十五日、大日本武德會成立記念を兼ね、盛大なる武德祭を擧行した。武德殿前の大廣場に、テント張りの假道場を設け、各種武道の型及び試合を行つた。劍法は六ケ

所に分れ、一ケ所五十人内外、全部で百六十組の試合を行ひ、其の中十五人の戰勝者を選んで總裁宮殿下より、劍法精錬證書を賜つた。

其の十五名は（順序不同）

萩原太郎、根岸信五郎、間宮鐵太郎、吉田勝見、高山峰三郎、松崎浪四郎、香川善次郎、阿部守衛、原不二夫、梅崎彌一郎、小南易知、三橋鑑一郎、石山孫六、得能關四郎、奥村左近太であつた。

第二回は、明治二十九年十月二十五日、平安神宮假道場に於て擧行、精錬證受領者は同じく十五名

北辰一刀流	渡邊樂之助	同	夏見又之進
無外流	高橋赳太郎	小野派一刀流	高野佐三郎
鐵仲流	高野鐵叟	神道無念流	小關教道
淺山一傳流	井澤守正	同	中原仲
心形刀流	富山圓	北辰一刀流	今福眞明
同	小澤一郎	同	鵜殿長

無刀流　中島春海　　直心影流　太田彌龍
神道無念流　松島秀實
第三回は明治三十年十月廿五日、同じく平安神宮假道場に於て擧行、精錬證受領者は、嚴選の結果五名であつた。即ち
神道無念流　柴江運八郎　　北辰一刀流　內藤高治
北辰一刀流　下江秀太郎　　淺山一傳流　淺野一摩
直心影流　鈴木重信
翌明治三十一年は、京都三十三間堂に於て、皇太子殿下台覽試合ありし爲、武德會主催の試合は中止し、
明治三十二年は、豫て新築中の武德殿落成を見たので、平安朝の古へに因み、五月五日に改め、第四回は新築武德殿に於て、盛大に擧行された。
精錬證受領者（八名）
神道無念流　小野田伊織　　無刀流　小關教政
直心影流　左山捨吉　　北辰一刀流　小澤二郎

立身流　村井光智　水府流　佐々木正宣
水府流　門奈　正　津田一傳流　津田一敬

明治三十三年五月、武德殿に於て第五回演武例會開催、精錬證受領者（七名）

鏡新明智流　阪部大作　合法流　大野誠至
一刀流外二流　黑谷左六郎　直心影流　長阪忠哉
田宮神劍流　森　薰一　北辰一刀流　田中　厚
心形刀流 無刀流　手島美質

明治三十四年五月、第六回精錬證受領者（八名）

直心影流　柿本淸吉　神道無念流　鈴木定七
兇山流　河島角摩　神道無念流　桂　直溫
念　流　近藤義九郎　心影刀流 直心影流　辻　眞平
神道無念流　阪部小郞　眞陰流　奥田幸三郞

明治三十五年五月　第七回精錬證受領者（五名）

克己流　多崎　轉　一傳流　武藤源八

貫心流　上村信夫　　一刀流　蛭川一
荒木流　都丸磯七

明治三十六年、武術家優遇例を開き、範士、教士の稱號を授與する事となつた。即ち

第一條　本會ハ武術家優遇ノ趣旨ヲ明カニセンガ爲メ左ノ各項ノ資格ヲ具備スル者ニ就キ詮衡委員會ノ推薦ニ依リ總裁殿下ノ御裁下ヲ經テ範士、教士ノ稱號ヲ授與ス

範士ノ稱號ヲ授クベキ者ノ資格

一、斯道ノ模範トナリ兼テ本會ノ爲メ功勞アル者
二、丁年ニ達シタル後四十年以上武術ヲ鍛錬シタル者
三、教士ノ稱號ヲ有スル者

教士ノ稱號ヲ授クベキ者ノ資格

一、品行方正ニシテ本會ヨリ精錬證ヲ受ケタルモノ
二、武德祭大演武會ニ於テ武術ヲ演ジタルモノ

範士には、終身五十圓の年金を贈與する事としたが、大正年間新に範士を授くる者に對しては、贈與せぬ事とした、又範士は、特別の場合に限り、年齡に關與せぬ事に改めた。

明治三十六年、第一回教士兼範士の稱號は、第八回演武大會に於て、一應教士の稱號を與へ即日範士に進めた。

教士兼範士（七名）

神道無念流	渡邊昇	武藏流	三橋鑑一郎
神道無念流	柴江運八郎	一刀流	石山孫六
直心影流	得能關四郎	鏡新明智流	阪部大作
鐵仲流	高尾鐵叟		

明治三十七年、第九回

第二回教士

渡邊樂之助	太田彌龍	辻眞平	小南易知	阿部守衞
小澤一郎	梅崎彌一郎	淺野一摩	武藤源八	高野佐三郎
高橋赳太郎	田中厚	門奈正	香川善次郎	小關敎道
根岸信五郎	松島秀實	小野田伊織	左山捨吉	內藤高治
宮脇彈次	佐々木正宜	手島美質	小關政道	中島春海

明治三十八年、第十回
　第三回敎士
　小澤　二郎　　上村　信夫　　井澤　守正　　八島　忠一　　二宮　久
　和田　博

第一回より第九回までは、出席したる劍道大家、悉く勝負をつけたが、第十回より極く小數の大家に限り、無審判の試合を行ふ事とした、而して大正十年第二十五回より、範士、敎士は全部無審判としたが、昭和四年第三十三回より、小數者無審判に復した。

◇大日本帝國劍道型

大日本武德會は、第十一回演武大會の明治三十九年に、武德會劍道型を制定した。天・地・人、の三本とし、掛聲は「ヤー」「トー」「エイ」の三聲であつた、然るに種々異論が出て、全般に行はれなかつたので、更に、明治四十五年、委員二十五名を選び、委員長、副委員長、顧問を加へ、嚴重協議の結果、大日本帝國劍道型を制定した。（附錄參照）

　委員長　　大浦　武德會長

副委員長　嘉納治五郎（東京高等師範學校長）
顧問　子爵　渡邊昇
委員　主査　範士　根岸信五郎（東京）
同　眞貝忠篤（同）
主査　範士　辻眞平（佐賀）
同　和田傳（熊本）
同　柴江運八郎（長崎）
主査　教士　内藤高治（武德會本部）
同　門奈正（同）
同　港邊邦治（同）
主査　教士　高野佐三郎（東京高等師範學校）
同　木村敷秀（同）
同　太田彌龍（京都）
同　矢野勝治郎（同）

同　柴田衛守（東　京）
同　中山博道（同　　）
同　高橋赳太郎（近畿地方兵庫）
同　田中　厚（東海道愛知）
同　小澤一郎（關東　茨城）
同　星野仙藏（同　埼玉）
同　小關教政（東北　山形）
同　上村信夫（北陸　新潟）
同　二宮　久（中國　山口）
同　川崎善三郎（四國　高知）
同　佐々木正宜（九州鹿兒島）
同　淺野一摩（同　福岡）
同　富山　圓（臺　灣）
幹事　市川阿蘇次郎

第四章　武道教員の養成

日清戰爭後、武道熱は昂進の一途を辿り、日露戰爭後に於ては、一層興隆著しく、警察は、必修科とし熱烈なる稽古を爲し、學校は大學、高等學校、專門學校、中等學校等隨意科なるも各校競ふて試合を爲し、從つて之れに要する武道教師の要求となつた。玆に於て、大日本武德會は、明治三十八年十月一日、武道教員養成所を新設し、劍法柔術の生徒、各十名を收容し、之れを寄宿舍に收容し、純粹塾精神に基き教養した。修業年限二ケ年としたるも、成績優秀なるものは、滿一ケ年にて卒業せしめ、實力次第にてどし〳〵社會に送り出した、實力は、劍法四級下、柔術二段、學科は中等學校卒業程度であつた。

此の外養成所に入らず、各府縣より選拔され、武德會本部の講習科に入つて、養成所の生徒と共に修行し、實力が四級下に達すれば、本部も默認して卒業歸國を許し、それ〴〵奉職するものも續出した。

明治四十四年四月、更に武道專門學校を設立し、中等學校卒業者を入學せしめ、修業年限を三ケ年後に四ケ年に改め、國語漢文の中等教員資格をも與ふる事とした。

斯く大勢、武道指導者の要求急なる爲、文部省は、明治四十四年、劍道柔道の中等教員講習會を、數次に亙り東京高等師範學校に開催した、又、中等教員資格を與ふる爲め、劍道柔道の檢定試驗をも行ふやうになつた。

大正二年四月、東京高等師範學校は、學科兼修體操科内に、劍道、柔道專門の教員養成を創めた。

一方陸軍戸山學校に於ては、劍道科を設置し、各師團より、士官及び下士官中、成績優秀なる生徒を選拔し入學せしめ、各師團等の劍道教師を養成した。

又民間に於ても、國士館の如く私學を興して武道教育を創め、從來經營困難なりし、劍道々場も、識者の後援を得、追ひ〳〵隆昌に向ふに至つた。

第五章　優勝試合時代

明治末年頃より、各警察署、各學校等にて優勝試合が盛んになつた。最初は規範も狹く、氣勢も左程昂らなかつたが、世の運動勃興につれ、段々熱狂的になつて來た。

大正二年十二月　京都帝大學友會主催、全國高等學校並に專門學校の優勝試合が行はれた。

其れが極めて好成績であつた爲、毎年引續き行はれ、他の大學も高等學校、專門學校を集めて優勝試合を行ひ、高等學校、專門學校は、又中等學校を糾合して、優勝試合を行ふやうになつた。

最初は縣下とか、近縣とか範圍も狹かつたが、後には、全日本學生劍道聯盟も結成され、全國、各府縣道等にて地方豫選を行ひ、後全國の優勝試合を、東京、或は京都等の帝大で行ふ事とした。

此の優勝試合の流行は、劍道を普及する意味に於て、大に効があつたが、餘りに勝負に捕はれ、眞に正しき劍をつかひ、武道精神に生く、心身の鍛錬修養には不充分であつた。即ち平面的劍道の發達にはなつたが、立體的の劍道修錬にはならなかつた。

而して之れは獨り劍道のみでなく、物質的歐米文化の影響を受け、總べて劃一的、多量生産的敎育方針の弊を生じ、劍道の如きも、野球等の遊戯と同一視され、運動員として扱はれた。如何に、時代思想の通弊とは言へ、寔に慨嘆すべきであつた。

斯る一般的惡思潮、漲る時、俄然としては日支事變が勃發した。即ち明治維新後數十年に亙つて、日本精神を浸害してゐた物質文明、歐米思想は之れより順次排拭され、建國以來の純日本の勇姿に立ち歸り、劍道も亦、歐米的遊戲、運動と異り、眞に大和民族の神聖なる國體武道たる事を自覺するに至つたのである。

第六章　學校教育の正科

之れより先き、著者は（當時衆議院議員）武道が靑少年教養上、必須缺くべからずとなし、劍道柔道を中等學校正科に編入せんことを、數次に亙り衆議員に建議せしが、明治三十七年召集の議會に於て、遂に政府の容るゝ處となり、

「劍道柔道を中等學校の正科となすことを得」

との法規を得るに至つた。然れども當時未だ歐米思想に壓倒され、武道を正科に編入するが如きは、封建的遺物なりとて、反對者多く、苦心慘澹を極め、其の實施に當つても、容易に之れが率先するものなく、其の後全く正科となりしは、大正六年であつた。以つて如何に日本劍道が、人心より遠かりゐたるかを知ると同時に、時代思潮の危機なりしを推知する事が出來るであらう。

第七章　御大禮記念武道大會

昭和三年十一月、今上陛下御即位の御大禮をあげさせられ、この曠古の御盛典を奉祝し、永く後世に記念せん爲、宮内省に於ては、翌四年五月、宮内省主催の下に、盛大なる御大禮記念武道大會を擧行した。

會場は、宮城内舊三の丸趾、覆馬場内に、七間四面の道場を檜の厚板を以つて造り、玉座を正面に、三方は後高の拜観席を設けた。

其の役員は、左の如くである。

委員長　主馬頭　西園寺八郎

顧問　大日本武德會長 陸軍大將　本郷房太郎

同　講道館々長　嘉納治五郎

評議員　全日本學生劍道 聯盟顧問　大塚惟精

同兼庶務部委員　皇宮警察部長　加賀谷朝藏

審判員兼指定選士銓衡委員（いろは順）

劍道範士　川崎善三郎
劍道範士　高野佐三郎
劍道範士　高橋赳太郎
劍道範士　内藤高治（銓衡委員のみなりしが、惜しくも、大會前に病歿、後特に從六位を賜ふ）
劍道範士　中山博道
劍道範士　門奈正
劍道範士　矢野勝治郎（審判員のみ）
府縣選士の審判員は、以上六名の外、指定選士中の範士八名が加つた。即ち
劍道範士　小關敎政　同　小川金之助
同　高野茂義　同　中野宗助
同　齋村五郎　同　島谷八十八
同　檜山義質　同　持田盛二
選士は、指定選士と、府縣選士の二種、指定選士は、各府縣の長官に依賴し、素人側から試合の上選定した。

指定選士

教士　伊藤精司　直心影流　東京戸山學校
教士　市川宇門　武德會　青森縣武道教師
教士　橋本統陽　有信館　東京皇宮警察部
教士　甲阪廣道　武德會　兵庫警察部
教士　堀田捨次郎　微神堂　東京警視廳
教士　堀田德次郎　武德會　愛知縣警察部
教士　堀正平　武德會　廣島縣吳海兵團
教士　富田長太郎　小野派一刀流　群馬縣警察練習所
教士　千頭直之　無外流／小野派一刀流　岡山縣第六高等學校
教士　越智侶一郎　武德會　愛媛縣警察部
教士　渡邊榮　武德會　兵庫縣警察部
教士　吉浦宴正　有信館　新潟縣警察部
教士　大長九郎　武德會　靜岡縣警察部

教士	田口己之吉	東武館	神奈川縣警察部
教士	植田平太郎	神道流	香川縣警察部
教士	納富五雄	武德會	長崎縣佐世保海兵團
教士	大島治喜太	武德會	東京府警視廳
教士	大澤藤四郎	明信館	北海道警察部
教士	大麻勇次	武德會	佐賀縣警察部
教士	古賀恒吉	武德會	石川縣第四高等學校
教士	近藤盛一	武德會	臺灣高雄州警察部
教士	近江佐久郎	貫心流	德島縣師範學校教諭
教士	宮崎茂三郎	武德會	京都府武道專門學校
教士	志賀矩	武德會	大阪府警察部
範士	小關教政	心形刀流	關東州關東廳
範士	小川金之助	武德會	京都府武道專門學校
範士	高野茂義	明信館	關東州滿鐵會社

範士　中野宗助　武徳會　福岡縣警察部
範士　齋村五郎　武徳會　東京府警視廳
範士　島谷八十八　武徳會　奈良縣警察部
範士　檜山義質　東武館　東京府警視廳
範士　持田盛二　武徳會　朝鮮警務局

府縣選士

朝　鮮　古城岩秀　三段　道巡査
臺　灣　八木昌雄　三段　州巡査
關東州　畑生武雄　五段　南滿電氣職員
樺　太　北見庸藏　四段　廳巡査
北海道　音喜多幸一　二段　廳巡査
東京府　丸山　匠　三段　警視廳巡査
京都府　長谷川　壽　三段　學　生
大阪府　坂本吉郎　四段　大阪府巡査

神奈川縣	笠原善一	三段	橫濱高商學生
兵庫縣	南潔	四段	會社員
長崎縣	佐土原親房	二段	長崎高商學生
新潟縣	早川一男	初段	新潟商業生徒
埼玉縣	東山榮三郎	四段	浦和警察署長
群馬縣	阿佐見重人	三段	農業家
千葉縣	本多勘次郎	四段	獸醫師
茨城縣	河合堯晴	四段	日本産業社員
栃木縣	田崎雄祐	四段	縣巡査
奈良縣	芳村一郎	三段	縣巡査
三重縣	山本則重	二段	縣巡査
愛知縣	菅原茂夫	二段	名古屋高商學生
靜岡縣	芹澤喜六	三段	土地測量技術師
山梨縣	石水隆太郎	四段	鍍金工業

滋賀縣	萬俵一雄	初段	彦根高商學生
岐阜縣	淸水義雄	初段	米穀商
長野縣	矢野淸	二段	縣巡査
宮城縣	鈴木德三郎	五段	輜重兵中尉
福島縣	横山永十	三段	福岡高商學生
岩手縣	宮坂保	二段	騎兵特務曹長
靑森縣	澁谷文男	四段	農家村長
山形縣	榎森浩	二段	漆器製造販賣
秋田縣	舟田淸一郎	三段	經濟學士
福井縣	岡野加壽夫	二段	福井商工學生
石川縣	太田眞一	三段	第四高等學生
富山縣	深山明	三段	步兵幹部候補生
鳥取縣	影山俊	二段	高等小學校訓導
島根縣	林正雄	二段	松江高等學生

岡山縣　尾上　秀　三段　縣巡査
廣島縣　相原勝雄　三段　税務監督局
山口縣　日吉正時　三段　縣巡査
和歌山縣　鈴木克己　三段　商業
徳島縣　三根敏雄　三段　歩兵大尉
香川縣　橋本政春　二段　雜誌記者
愛媛縣　森田可夫　二段　松山高商學生
高知縣　田岡　傳　四段　高知刑務所看守
福岡縣　井上義人　三段　九州帝大學生
大分縣　松尾角一　二段　縣巡査
佐賀縣　深町新平　二段　佐賀高等學校學生
熊本縣　川島重雄　四段　貸家業
宮崎縣　河野俊一　三段　酒造業
鹿兒島縣　酒匂　久　二段　師範學校學生

沖縄縣　石原昌直　初段　縣警部補

試合方法

劍道試合方法は、大會要項に次の如く定められた。

全參加選士ヲ、豫メ抽籤ニ依リ八部ニ分チ、各部每ニ總當法（廻試合）ヲ以テ試合セシメ、優勝者一名宛ヲ定メ、右優勝者八名ヲ本人ノ抽籤ニ依リ組合ヲ定メ、勝拔法（敗退法）ヲ以テ順次試合セシメ最優勝者ヲ決ス

審判法

第一條　劍道試合は、斬擊刺突に依る勝負を主とし、併せて姿勢態度技術等に就き審判し其の勝負を決す。

第二條　審判員は三名とし內一名は代表して試合に對する指示注意を爲す。

第三條　試合の勝負は、審判員の多數決に依り之を決す。
時間經過の爲試合を停止したる場合には前項に準じ勝負を決す。

第四條　試合は三本試合とし、其の時間は五分以內とす。但し審判員に於て必要と認めたる時は他の審判員一名以上の同意を得て猶豫することを得。

（以下省略）

優勝者決定

五月四日、豫選の結果、指定選士中、五日の天覧試合に出場するの光榮を得たるものは次の如くである。

第一部　範士　小川金之助　　第二部　教士　古賀　恒吉
第三部　範士　持田　盛二　　第四部　教士　植田平太郎
第五部　教士　大麻　勇次　　第六部　教士　堀田捨次郎
第七部　範士　高野　茂義　　第八部　教士　堀　　正平

右八名抽籤の結果、左の如く組合せを決定。

一（小川金之助　範士／大麻　勇次　教士）　二（堀田捨次郎　教士／高野　茂義　範士）
三（古賀　恒吉　教士／持田　盛二　範士）　四（堀　　正平　教士／植田平太郎　教士）

五月五日、曠古に比なき天覧試合の結果は次の如くであつた。

準々決勝、優勝者

一、大麻　勇次　　二、高野　茂義　　三、持田　盛二　　四、植田平太郎

準決勝、優勝者

一、高野　茂義　二、持田　盛二

○決勝、優勝者

持田盛二

同じく五月四日、豫選の結果、府縣選士の中、五日の天覽試合に出場する優勝者は次の如くであつた。

第一部	精錬證	畑生　武雄	關東州
第二部	二　段	森田　可夫	愛　媛
第三部	精錬證	南　　潔	兵　庫
第四部	精錬證	本多拗次郎	千　葉
第五部	三　段	横山　永十	福　島
第六部	二　段	菅原　茂夫	愛　知
第七部	精錬證	河合　堯晴	茨　城
第八部	四　段	北見　庸藏	樺　太

直ちに抽籤の結果、翌日の組合せを左の如く決定した。

一（本多勘次郎　精錬證　二（菅原　茂夫　二段
　　河合　堯晴　精錬證　　　畑生　武雄　精錬證

三（北見　庸藏　四段　四（森田　可夫　三段
　　南　潔　精錬證　　　　横山　永十　三段

五月五日、天覧試合の結果

準々決勝、優勝者

一、本多勘次郎　二、畑生　武雄　三、北見　庸藏　四、横山　永十

準決勝、優勝者

一、畑生　武雄　二、横山　永十

○決勝、優勝者

横山　永十

第八章　明治、大正、昭和時代總論

皇政復古し、世は擧國の大精神に歸つた。然れども國政未だ完からず、外には歐米の威壓あり、世は擧つて混沌たるを免れざる時、いかで劍道界のみ安泰たるを得んや。社會制度の變革と、歐米思想の急襲に挾撃され、一部劍士は、劍の道を糧に代へ漸く露命をつなぎし程に至りしも、困窮に遭遇すれば忽ち、擧國精神に反撥さるゝは、大和民族の特有である。心ある劍士は脈々たる武道精神を堅持し、幾多の困難と戰ひつゝ、遂に神聖なる劍道精神を維持したのであつた。間もなく、國難は國難を生み、日淸日露の戰ひとなりしも、旭日昇天の我が國運は、隆々として世界に輝き、之れに乘じて、武道精神は勃々として擡頭した。

此の間聲視聽が口火を切り、武德會が音頭を取り、軍隊學校は勿論一般靑少年に、劍道熱を滲透せしめし効は、偉大であつた。然れども思へ、世は擧國の皇道に歸り、日本精神の根元は輝然として神國を照したるにも係らず、何ぞ劍の道の細々かりし事よ。

然るに大東亞戰爭勃發するや、忽ち薄浮不純の妖雲を一掃し、八紘一宇の大精神を顯現せん爲、今や擧つて見敵必殺の武道精神に燃え、「討ちてし止まむ」の　神武大帝の太古を顧み、血涌き肉躍り、已れを空うし、天與の劍を執つて立つの時、自ら歡喜發奮の熱涙に咽ばざるを得ない。

皇國劍道史附錄

第一　劒道と拔刀術

拔刀術とは居合の事である。居合とは、電光石火に長刀を拔く術の事である。即劍法の一翼と見るべきである。劍をつかふには、先づ鞘に納つた劍を拔かねばならぬ、それが第一動作である。其の第一動作に間が拔けたら、既に相手にのまれる、電光石火、拔刀、即敵を倒す、凄烈さが、居合の極意である。

其の起源は足利末期、即ち戰國時代であるとも言ひ、鎌倉時代とも言ふ。動機は實戰に於て一刀を失ひし場合、或は槍を折られし場合等に一瞬を待たず、腰間の長刀を拔き放ち、間髮を入れざる備への必要から、劍の道とは別名を取つて、特に居合として鍊成したるものである。

動作の根元は、刀を腰に帶するに初まり、鞘口のきり方、柄に手のかけ方、放し切り等は勿論、手の締め方、足の踏み方、簡單のやうであるが、却々容易ではない。

流祖と言はれてゐる、奥州の人林崎甚助重信は、出羽國林崎明神の社に參籠し、靈夢に感じ神明の劍法を得、三尺三寸の太刀、九寸五分の腰刀を併せ授かりしと傳へてゐる。爾來此の術世に行はれ、林崎神明夢想流、又は之れを略して、夢想流とも言つてゐる。東下野守、林崎甚助より神傳を傳へ、林崎神明夢想東流と言つた。

居合術は、獨り間髮の守りのみでなく、拔擊に敵を斬るを以つて、得意とするものであるから、刀を拔いた後は、最早居合の用はなさぬのである。故に居合術の達人は、試合の際敵に詰寄つても、容易には拔かない、敵若し斬込めば、柄にて受け留め、拔かば電光兩斷の氣合にてかゝるのである。且つて寶山流の達人、淺田九郎兵衞に、居合術の名人、三間與一左衞門が、立合ふ手筈になつたとき、淺田九郎兵衞は、門人に對し、

「居合は拔かせて勝つものだ」

と敎へたと言つた事を、傳へ聞いた與一左衞門は、舌を卷いて、

「最早立合ふ用はない、流石淺田氏は劍の達人だ」

と、其の儘試合を中止したと言ふ。卽ち居合に對しては、刀を拔かしてしまふのが、何よりの手である。居合は、鞘の中に勝利を含み、拔いた後は不利といふ根本理に基くものである。

又居合を、武道に非ずと主張したる武人もある。玉話集といふに、津輕信政は、度々扇切に居合を試み、家臣にも示した揚句、居合は武藝に非ずと評した。

「居合は武藝にあらず、といふは、拔打の勝負にて出口を肝要とす、左樣なれば全く鞘の内にある所に、勝はあるなり、先の人、刀を拔きたるに、思ふ圖にて拔拂ふべきと思ひぬる所が早や負けなり、其の上仕損じ、先の拔たる刀にて討るゝ時は、猶以つて大なる恥なり、先後の爭にて勝負の批判はあり、人は拔懸れども、出口にて致すべきと思ひぬる所を武道に非ず、武藝にあらずとするぞ、決して捨つるにはあらず」

と、述べてゐる、即ち武道の大乘的精神を缺き、出口にて勝負を決せんとする、小乘的精神の小さき拘泥のみを、生命とするのを、斯く厭つたのであるが、然し居合を一つの獨立したる武道と見る時は、斯る批判も起れど、著者は、最初に述べたる如く、居合は

「劍術の一翼と見るべき」

であり、斯く見る時は劍道に附隨し、武道の一環となり、武法の捨つべからざる力となるのである。

加藤淸正は、居合を、こよなき武藝として愛し、朝鮮征伐の際、實戰に役立つた事を證明し

てゐる。

次に居合術の代表的流派二三を述べる事とした。

◇林崎夢想流

林崎夢想流は、前述の如く居合の先祖とされてゐるが、林崎甚助重信といふ人物に就ては、奥州の生れでなく、相州の人とするもの、術の神授に就ても、鹿島の神傳となす等種々ある。又、武州一の宮の社地に居住し、陰陽開合の理に基いて工夫を凝し、生善正勝の極意を押立て純白傳と號して飄然諸州歴遊の途に上つた。時に五十四歳の秋、紅葉正に色づく時であつた。元和二年二月二十八日、武州川越の甥、高松勘兵衛の許を訪づれ、翌年七月まで滯在し、再び烏藤を鳴らして、奥羽の旅程に出立つた。時に七十三歳、殘軀を天に任せて復た歸つて來なかつたと言ふ。

後年、一宮流奥幸四郎施主となり、享保元年七月二十日、川越の蓮馨寺に墓碑を立て、良仙院一譽昌道寂心大信士の法名を鐫し、又生國相州鎌倉天照山光明寺の過去帳にも、其の名を留めて、永く菩提を弔ふ事とした。

◇田宮流

始祖林崎重信、門弟東下野守元治に教へを傳へ、林崎神明夢想東流と稱し、東元治は更に田宮平兵重政（成政、武正、等とも言ふ）に傳へた。重政技頗る秀で、常に長柄の刀をさし、諸國を修業し、大に工夫を凝し、更に一派を立て、田宮流と言つた。

北條五代記に

武政長柄刀をなし、諸國兵法修業し、柄に八寸の德、身腰に三重の利、其の外、神妙秘術を傳へしより以後、長柄刀を皆人さし給へり、然るに武政が兵法第一の神秘奥儀といへば手に叶ひなばいか程も長きを用ふべし、勝事一寸よしと傳へたり。

とある。重政は後年、池田勝入齋信輝に仕へ對馬守となつた。

重政の子、對馬守長勝は、父の傳を繼ぎ、驍名世に鳴つた。大阪冬陣の時に、池田勢は尼ヶ崎を固めてゐたが、味方の片桐勝元の兵敗れ、尼ヶ崎へ逃げ込んだ、池田勢の中にゐた田宮長勝は之れを拒んで城中に入れなかつた。戰後且元は之れを家康に愬へ、池田家の無情を鳴らした。長勝は

「尼ケ崎は尤も樞要の據點である。若し誤つて敵の亂入にあへば、事一大事である。片桐勢一兵殘らず死すとも、濫りに城門を開き申さゞりし」と申し開いたので、家康に感服され、田宮は池田家から紀州賴宣の家臣となつて、八百石を賜つた。代々紀州家の武道指南を勤め、子平兵衞長家は、慶長四年將軍家光に召され、居合術を御覽に入れた。

◇一貫流（伯耆流）

林崎甚助重信の門下、片山伯耆守久安は、拔刀術に長有り、師の傳受を得て後も、阿太古社に祈賴し、一以つて貫くと夢見、大に悟る處あり、一派を爲し一貫流と稱した。關白豐臣秀次に仕へ、慶長十五年參內して、妙技を上覽に供し、從五位下伯耆守に任ぜられた。故に伯耆流とも言ふ、子久勝之れを次ぎ、吉川家に仕へ後江戶に出で高名を馳せたと言ふ。

◇無　樂　流

同じく始祖、林崎重信の門下に長野無樂齋槿露といふ武人があつた。槿露は上州箕輪の城主長野信濃守の一族で、武田に亡ぼされ、出羽に落ちて來た時、重信に居合術を學び、妙技を悟得したが、更に修錬と工夫を重ね、一派を立て無樂流と稱した。

槿露は、變り者で寒中と雖、爐を取らず、常に牛に乘つて女子に口繩をとらせ、歩き廻るのが好きであつたが、一生不犯に終つて子なく、最上の人、沼澤長政に傳を授けた。無樂流は會津藩に盛んに行はれたが、後、羽州に擴まつた。

其の他、關口流、一宮流、上泉流、柔新心流等有名である。

第二　流派並に劍士

我が劍道界の初期即ち、室町時代以前に於ける流派と劍士は、大體本文に記述せし所であるが、室町以後に於ては、劍道界の隆昌に伴ひ、流派新興し劍士も亦簇生せしは既記の如くである。今之れを室町時代、江戸時代、明治時代に區分して略述する事とした。

□室町時代

室町時代、主たる流派は數十を以つて數へたるが、其の中有名なるものは、神影流、新蔭流、卜傳流（新當流）、天道流、富田流、戸田流、京流、微塵流、鞍馬流、自源流、示現流、タイ捨流、神影流（又は奥山流）、疋田流等である。其の末期に至りては更に一刀流、有馬流、二階堂流、念流、東軍流、丹石流、寶山流、竹内流、荒木流、眞新陰流、青木流等である。其の中本文になきものを擧ぐる事とした。

◇有馬流

德川家康、三河在城の頃、有馬大膳時貞、新當流の劍法に長じ、特に取り立てゝ、家人に列した、其の孫善九郎劍法を指南して、紀州家宣の家人となりし頃より有馬流と呼んだ。

◇二階堂流

源頼朝、鎌倉に幕府を開きし當時、二階堂山城守行政といふ者、政所の執事たりしが其の子々孫々、劍道を家の藝として中條家に往來した、其の流れを酌みし、松山主水、細川忠利に仕へ、二階堂流の祖となつた。

主水、細川三齋の士を毆打したる爲、蟄居を命ぜられ、遂に三齋公の近臣に刺され横死を遂げた。

◇念流

上州多胡郡馬庭村、樋口家の念流系譜によれば、遠祖は奥州相馬の人相馬四郎義元、深く禪門に歸依し、入道して慈恩と稱し、信州伊奈郡波合の郷に、一字を建立し、摩利支天を安置し念大和尙と號した。是より先、洛外鞍馬に入りて、奥山念流、鎌倉に入つて鎌倉念流と呼んだ。(馬庭念流參照)

◇東　軍　流

始祖、川崎鑰之助、天文九年頃の人、奥州に住し幼より劍法に秀で、性勇武にして軍理に通じ一家をなした。己れは流派を立てなかつたが、當時の人は、日本國、軍事の達人と稱した。子孫に至り、東軍流又は東流と名づくるに至つた。四代目二郎太夫は諸國を修行し江戸に出で阿部正秋に仕へ、名をあげた。

◇寶　山　流

始祖、堤山城守寶山、中條流の劍法を學び後諸流を研磨し、其の粹を蒐めて寶山流を開いた。之の技法は非常に手數が多い。

◇丹　石　流

美濃國齋藤家の臣、衣斐丹石軒宗譽の開きたる一流である。東軍流を學び、後諸流を修行し一流を立てた。織豐時代に起り德川中期に衰絕した。

◇淺山一傳流

始祖、淺山一傳齋重辰は天正頃の人で、初め拔刀術に長け、後劍道に精妙を得て一流を開いた。居合、小太刀、鎖鎌、長刀、忍術、捕物、毒害等の法完備し、十六代津田傳まで續き、十七代に至り、津田正之、津田一傳流と改めた。

◇荒　木　流

荒木攝津守村重の後裔、夢仁齋秀綱といふもの、豐臣秀吉に從つて軍功あり、武勇に秀で遂に一流を開いた。子孫代々小太刀の名人を出してゐる。

◇竹　內　流

始祖、竹內中務丞久盛は、美作國久米郡垪和鄕、一瀨城主杉山備中守爲就の子、武法を好み、其の蘊奥を究めんと、深山に庵を結び、獨修七年、稍極意を得んとせし時、一人の武法者來り、捕手腰廻りの法を傳へた、久盛之れを多年併せ修業して遂に竹內流を開いた。竹內流は柔術を主として傳つてゐるが、劍、棒等をも兼ねたものである。其後代々家藝を傳へ作州に於て殊に盛んであつた。

◇眞新陰流

新影流の始祖上泉信綱より三傳して、小笠原金左衛門長治は、眞の一字を加へ眞新陰流と稱した。長治は三河國高天神の城主で、晩年源信齋と號した。夙に新陰流を奥山公重、上泉等に學び、支那に渡りて日本兵法を擴めた。門人中に矛の術をよくする者に依て矛の術を悟得し、歸朝後八寸の延繩を發明した。門人數千人に及んで盛んであつた。

◇青木流

始祖、青木城右衛門義英は、鐵人齋と號し河内の人である。幻より劍法を學び、長ずるに及んで宮本武藏に就て二刀流を研究し、一流を立てた。一名鐵人流と云ふ。

□江戸時代

江戸時代に至りては、室町時代の流派に更に數百派を加へ、數ふるに遑なき程であるが、其の中主なるものは、

柳生流、一刀流(小野派、伊藤派、梶派、中西派)、天眞一刀流、北辰一刀流、圓明流(武藏

流)、直心影流、直心流、直心正統流、井蛙流、無敵流、平常無敵流、東軍無敵流、無外流、無眼流、雲弘流、馬庭念流、神道無念流　忠孝眞貫流、鏡新明知流、太子流、甲源一刀流、心形刀流、今枝流、小栗流、堀内流等である。

◇直心影流

山田平左衛門光德が始祖である。平左衛門は、直心正統流、高橋彈正左衛門重治に學び、當時世を擧つて泰平に馴れ、形ばかりの稽古に憤慨し、皮具頰當を用ひ、又面籠手を着け、實戰同樣に鍊成する法を案出して有名である。撓の遣方は、右双手上段に構へ、双手で面又は籠手を斬つた、大に世人に迎へられ其の門人一萬數千人と稱された。九代長沼可笑人まで連續、斯界に貢献する所多かつた。

而して、幕末の大劍客七代男谷精一郎、八代島田虎之助、正八代長沼正兵衛恂鄕の高弟、得能關四郎、男谷精一郎の高弟榊原鍵吉、横川七郎等を出したるは、同流の誇りである。

又、五代戸田樂之助一心齋は、伊豫大洲藩の出身にて、江戸に出て赤石軍司兵衛に學んで免許を得、後京都河原町に道場を開き、名聲嘖々、各藩の名士や、大石進、奥村左近太、高山峰三郎、籠手田安定、阿部守衛等と出入し、京都一の大道場であつた。

倘四代、藤川彌司郎右衛門近義は、長沼四郎左衛門、門下の俊英にて天明年中、老中月番、牧野備中守、一橋家等に指南し、其の高弟井上傳兵衛は、下谷御徒町に道場を開き、本文中、島田虎之助を男谷精一郎に紹介したる劍士である。天保九年十二月二十三日夜、當時町奉行として辣腕を揮ひし鳥居耀藏と、門弟本庄武平次の爲に暗殺され、其の仇討が弘化三年三月五日護持院ヶ原で行はれた。

◇忠孝眞貫流（實用流）

文化文政時代の奇傑平山行藏の始唱、行藏、潛、子龍は、代々徳川の旗本にて、江戸四谷に住し、寶暦九年の出生、幼より武法に長じ、兵學を會津藩士、黒河内節齋に學び、大島流槍術、關口流拳法等の極意を研め、武法は總て形式に拘泥せず、專ら實用を主とすべしと一派を立て、實用流と稱した。

行藏は一生獨身で、武藝十八般の修行に盡し、且つ文の道にも通じた。平時を戰時と心得、寒中氷風呂を浴び、夜間蒲團を用ひず、玄米を喰ひ、何時でも戰場に駈け出す用意をしてゐたと言ふ。

門生には有名なる相馬大作等があつた。

◇心形刀流

本流は神道流系にして、伊庭是水斬秀明が始祖である。代々伊庭を名乘り九代、伊庭軍兵衛（軍平）は文久元年江戸講武所師範となつた。

八代、伊庭軍兵衛源秀業は、天保の水野越前守の大改革に際し、御書院番に採用され、營中警備の任に當つた。當時武士の風紀亂れ柔弱華美なりしを慨し、大に蠻骨剛强振りを鼓吹した。

◇松田新陰流

上泉信綱が大和に於ける門下に、柳生と松田があつた。松田は主家戒重幕屋が、筒井順慶の爲に亡ぼされたは、柳生宗嚴の手引であるを怨み、戰後柳生に隱田あるを密告した。將軍織田信長は大に怒り柳生の領地を悉く沒收した。之れが爲柳生は憤怨措かず、子等に復讐を依託した。關ヶ原に戰功あつて、家康により舊領を復した柳生は、松田を捕へて斬首した。然し松田の劍統は之れを松田新陰流と稱し傳つた。

◇直　心　流

始稱、神谷傳心齋は、新陰流五世である。幼より武法に秀で、若年にして十五流を修業した後小笠原源信齋の門に入り研磨を積んだ、師に優る腕前となり武名高かつたが六十七歳の老境に入り、飜然として兵法の根元は、仁義禮智にありと悟り、自我を捨て、直心を以つて生命とすべしと主張し直心流と稱した。

◇平常無敵流

始祖、山内蓮眞は、備前岡山の人、初め富田流を學び、後諸流を修業し、且、熊澤了介、僧白嚴等と交遊し、心丹を錬成し一流を立て、平常無敵流と稱した。

◇願　流

始祖、常陸國鹿島の人、松林左馬之助永吉幼より劍法を獨習し、長じて諸國を武者修行し、遂に一流を開き願流と稱した。武州赤山に住し仙臺、伊達忠宗に祿三百石で抱へられた。慶安四年三月、五十八歳の時、將軍家光に召され江戶に出て、御座所に於て劍法を上覽に供し、時服を賜つた。

◇井蛙流

因州鳥取藩、池田家の馬廻役、深尾角馬重義の起したる一流である。初め丹石流を學んで奇才あり、劍法に秀で居合に通じたが、丹石流の太刀數多きを改め、極めて主要なる點を、峻烈に取つたものである。

◇無敵流

加州、戸田越後守の門弟、進雲齋の稱へし一流である。初め戸田流の允可を得、諸國を修行し、江戸に來つて本郷に道場を開き無敵流を指南した。

◇狹川派新陰流

上泉秀綱、大和に在住當時、同國狹川城主甲斐守助直に劍を敎へた。助直の曾孫新三郎助直柳生但馬守宗矩の門に學び、俊英にて、伊達綱村に召され、仙臺に於て師範となり代々重用された。

◇山口流

始祖、承應の頃、京師禁裏の侍、山口右馬之亮家利、諸流を研磨し、各々其の長を攝り一流を立てしもの、六代連續した。

◇眼思流

始祖は明でないが、貞享の頃、肥前平戸の城主松浦宗英が、眞木久平といふ者より允可を得たといふ文献がある。眞木久平は居合より出發して劍道の一派を成したものらしい。

◇無外流

始祖、都司月且資茂、延寶三年、近江國甲賀郡馬杉村に生る。幼より劍を好み山口卜眞齋に學び、後諸國を修行し、江戸に出て道場を開いたが、未だ未熟の點あるを悟り、麻布吸光寺の石潭和尚に參禪久しくして、極意を得るに至つた。門下に大名が多かつた。

◇雲弘流

仙臺、伊達家の家臣、樋口七郎右衛門不堪が、天眞正傳神道流より研究して、弘流と稱し、門弟氏家八十郎、小出切一雲に學び更に改革して雲弘流と稱した。

◇甲源一刀流

甲斐源氏逸見の後裔、逸見多四郎義利の始祖である。義利は武州秩父郡小澤村の豪族であつた、劍道を櫻井五助に學び、鄉里に道場を開いて子弟を養つた、三代比留間與八利恭は、同流の達人で、當時男谷精一郎、島田虎之助に續く名劍士であつた。

◇今枝流

始祖、今枝佐仲良台は、伯州倉吉の人、正保三年生、夙に劍道を硏き江戶に出で、攝津高槻の城主永井日向守直淸に仕へたが、間もなく退官浪人となりて修業に專念した。三代は良台の次男良眞、兄良邑の後を嗣ぎ、理法一流と改めたが七代にて道統は絕えた。

◇柳剛流

岡田惣右衞門、伊庭軍兵衞直康に學び、後諸國を修行し、膞を斬る法を考案、柔よく剛を制す、柳に風の理を以つて、柳剛流と稱した。

一橋侯の師範となり神田阿玉ケ池に道場を開いて子弟を養つた。

◇立身流

佐倉藩の立身流で、有名なる逸見宗助を出した。宗助は父、立身流師範逸見信敬並に桃井春藏に學び、先輩の桃井門下四天王、上田馬之助等を拔いて、一二を爭ふ名劍士となつた。山岡鐵舟をして、「眞に立派な劍だ」と驚嘆せしめし程であつた。

◇田宮流

始祖、田宮平兵衞重政は關東の生れ、居合術の達人林崎甚助に從つて拔刀術を學び、後、長柄刀を差して諸國を武者修行した。柄に八寸の德、見越しに三重の利ありとは、重政の主張である。十一代、眞貝寅雄は大垣藩士眞貝吉藏の七子で、明治初年の大劍客として有名であり、明治元年奥羽戰爭に轉戰して功があつた、後警視廳師範、大日本武德會範士となつた。

◇無 眼 流

江戸の人三浦源右衞門政爲の始稱したるもの、政爲は小笠原の藩士にして幼より武法に秀で十二歳より三十八歳までに、十八流の劍道を學び悉く免許を取つた。無眼の流名に就ては諸說あれど、結局各劍流の奥義は、無眼の中に眼あり、即ち有無の無といふ意ならん。門人反町傳藏無格有名である。

◇馬 庭 念 流

念流中、最も有名なるは、樋口家である。樋口氏は木曾義仲の家臣、樋口次郎兼光から出で數世後上州馬庭に土着したが、四代目十郎兵衞定勝が、寶永十一年、德川家光の御前試合に於て、甲州の中條五郎兵衞と立合、勝利を博ししより、子々孫々家名を保ち、明治維新の後まで繼續した。（念流參照）

◇堀内流

始稱、堀内源太左衞門正春は、貞享元祿の頃の人で、當時江戶劍客四傑の一人であつた。有名なる細井廣澤は正春に學んだ、又赤穗義士、堀部安兵衞も門下である。

◇小栗流

德川家康公の小姓、小栗又市信安の次男、仁右衞門正信、大和正木坂の柳生宗嚴に學び、關ヶ原の合戰、大阪陣に參加し、戰鬪の實驗より組討の必要を感じ、同門の相弟子、駿河鷲之助と心を合せ、一つの拳法、即ち和術(柔術と劍術の和の意)を發明し、小栗流和術と命名した。土佐高知藩主山內忠豐の外、諸大名、旗本、陪臣等其の門に學ぶもの多く盛大を極めた。其の劍法は山內家の藩臣、朝比奈半左衞門可長に相傳した。

□明治時代

明治時代に入りて、世相一變し、劍道は日に衰退の一途を辿つたが、山岡鐵舟の無刀流は嶄然此の寂寥を破つて、劍聲を鳴らした。山岡家は代々德川の旗本であつたが、鐵太郎（鐵舟）は十三四歲の頃、山岡靜山の門に入り槍術を學び、井上八郞、千葉榮次郞に劍道を學んだ。世人より鬼鐵と呼ばれ劍名を馳せたが、自ら滿足するに至らざる折も折、淺利又七郞義明と試合するに及び、其の遠く及ばざるを知り、自覺せる不足を滿すに禪道を以てした。

即ち禪劍一致の極致境に到達、再び淺野義明と立合ひしに、淺野は其の進境に驚き劍ををさめた。爾來無刀流と名づけ、大に世に行はれた、門下、籠手田安定、高橋道太郞は名劍士にして、小南易知、香川善次郞、前田忠恭、長谷川運八郞、齋藤熊彥等有名である。

又維新の騷擾に當り、單身敵將西鄕隆盛を、靜岡に訪ね、江戶を灰燼より救ひしも、之の禪劍一致の力である。

次に寥々たる明治劍道界に踏み止り、孤城を守りしは、直心影流榊原鍵吉である。彼は幼年より男谷精一郞の門に學んだが忽ち進境し、免許皆傳を許されても、之れに要する費用なく數年延期して貰つた程であつた。

萬延元年頃、講武所敎授方となり、後師範役となつて、下谷車坂に道場を開いた。維新の動亂には彰義隊に加らず、上野輪王寺宮を背負つて逃げた。

維新後食に困り、撃劍興行の始祖となつたが、一方劍名は高く來朝中の知名の外人、數多教へを乞ひ、日本劍道の爲名聲を失はなかつた。

第三　諸流派の目錄類

目錄免許狀の類は、影流系、天眞正傳新當流系、中條流系、に三大別し得、(一刀流は型による)依つて之の三系統の目錄免許狀を蒐錄し、參考に資せんとしたが、紙數に制限あり、特に影流の文献を掲載することゝした。

影流の目錄類

ほうまうれ候とかんハ御まいり
しよいよくいよいよおほせて候
山さうれしくてうをもとめ
それあうを候ほうまうを
あらこはうしたに候めん
給かなき御心のあちあり
おかれなうく御すむしろ
ましりやあるさ候をもと
のたひんすんをはうい
うかこまいりけりくけん
あうするときをたり
まうをてんかふおひて
候ふせんとをうし候ふ、
すてふむちうた候はを
かなひうくかふしやうすく
いをさむるあんせんまゐ

ひそさんうりをかうあう
ことハ一ちよまいらせむらうたに
かうらふあいてく候すて
いまくいれをとひんかしまいら
ひやうきやあうれかをを
すまうしといふあんちかし
こまいらせくこほとらて
くすみいちすとより、か
たくまいらせくはふまい
せんしとゆふすまいらせ
候あんてうけ候かりまいらせ
あうらふをけつせんとか
りすいうむちうにさり
うたとうありひしやうし
まいらせくうをうりこ候
しても御ひまなひてあけ
かなはをうらあうまおそ
ふうハかけぬのうとすよ

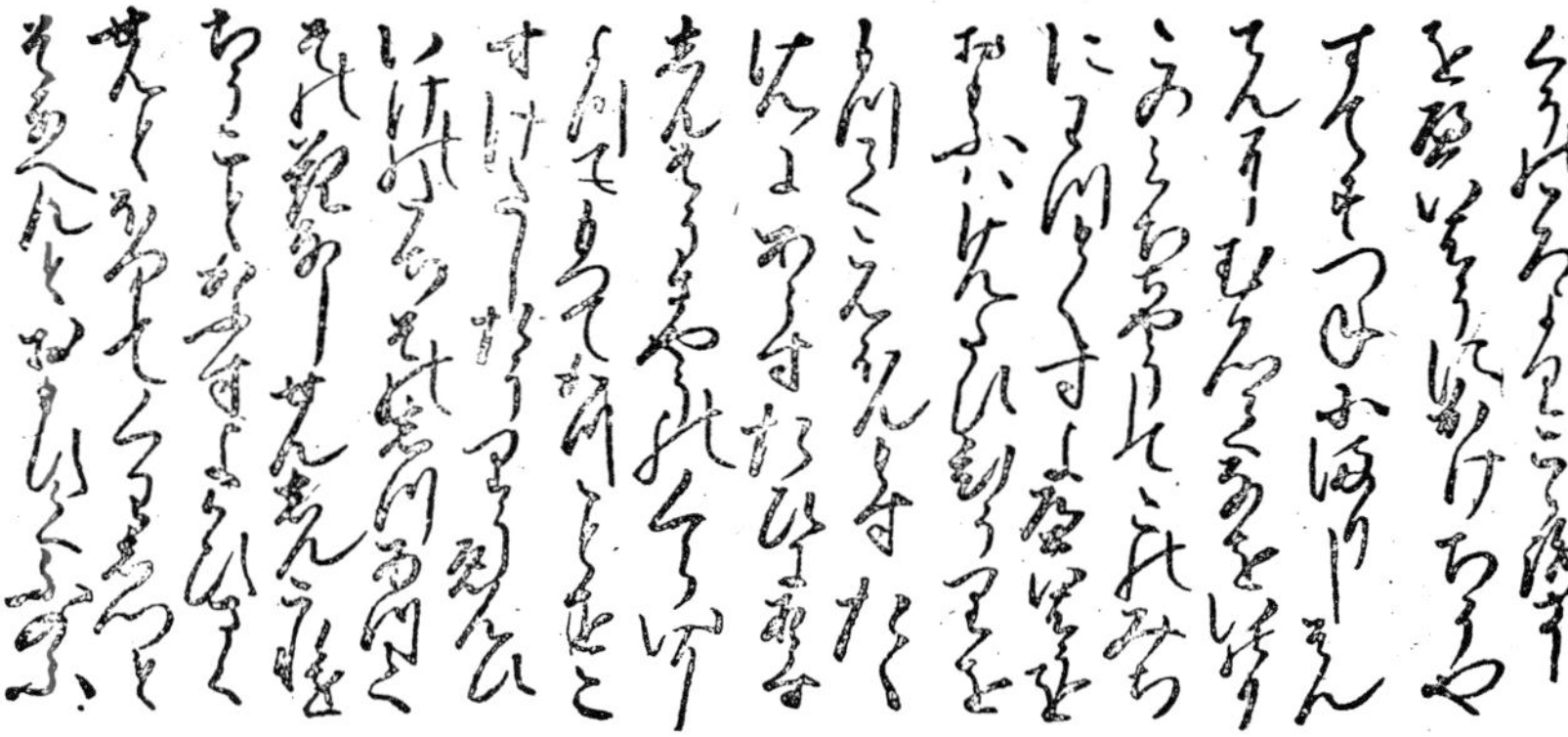

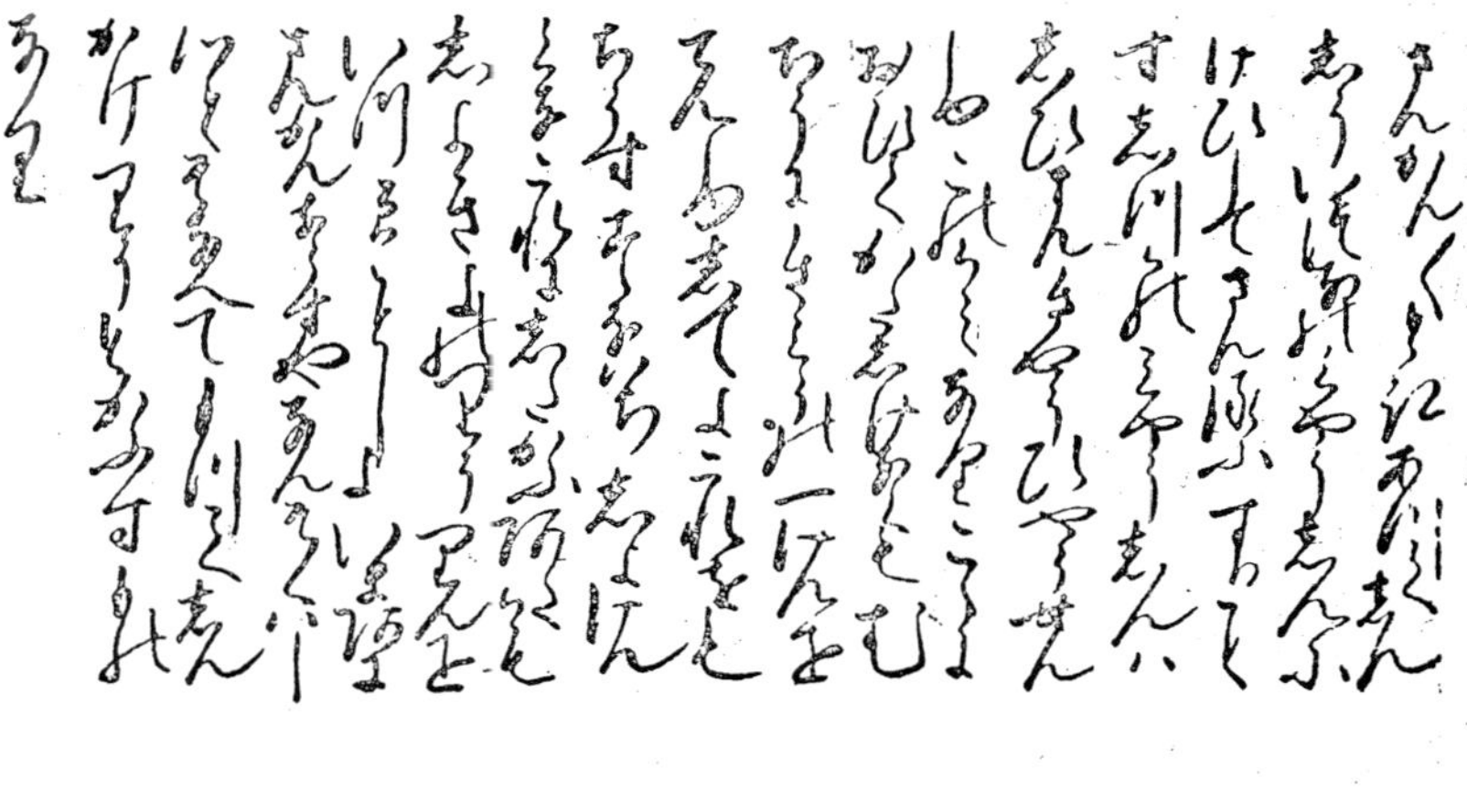

上泉伊勢守
藤原信綱
西一頓
須高家
山小三郎
藤原雅忠
慶長拾五年　七月吉日

心光剣
新影流
心妙剣太刀
光明剣太刀
数西剣　右五ヶ條深秘之事也
千金莫傳
上泉伊勢守
藤原信綱
西一頓

源高家

山岡三郎

藤原輝慈

慶長拾五年

七月吉日

殺活剣

新影流

殺人刀太刀

活人剣太刀

此両剣者兵家之至要

為何優為何劣哉可埋

又剣倚空也学者輕

莫用之

上泉伊勢守

藤原信綱

西一頌

須藤兼永

山本三郎

藤原[illegible]忠

慶長拾五年
七月吉日

新[illegible]流
[illegible]之大事口傳

一てんたう[illegible]之事
一きり[illegible]ん[illegible]の事
一かけれ刀乃事
一こゝせうきの口傳事
一扇子をれ[illegible]之のこゝろ
一九らしの事
一ぬき刀剣[illegible]
一湯風呂之事口傳
一ふゆうはねる大事
一こゝやり刀大事
一ふさんをれん[illegible]事
一貴人之御前[illegible]事

一 あかりくらりの事
一 やくれ衣の太刀 口伝
一 稲妻乃大事
一 [illegible]
一 [illegible] 口伝多之事
一 [illegible]
一 てんこの事 口伝在之
一 [illegible]眼大事 口伝在
一 [illegible]の太刀 口伝在
一 かくれ[illegible]の事
一 天狗の[illegible]之事
一 刀乃大事 口伝
一 [illegible]眼之大事
一 [illegible]の抱乃事

一 あ[illegible]けん 口伝多
一 [illegible]太刀之事 口伝
右此一巻[illegible]
[illegible]
[illegible]
[illegible]
[illegible]
てん可有[illegible]
上泉伊勢守
藤原信綱
西一頓
須田[illegible]
[illegible]
藤原[illegible]
慶長拾年 七月吉日

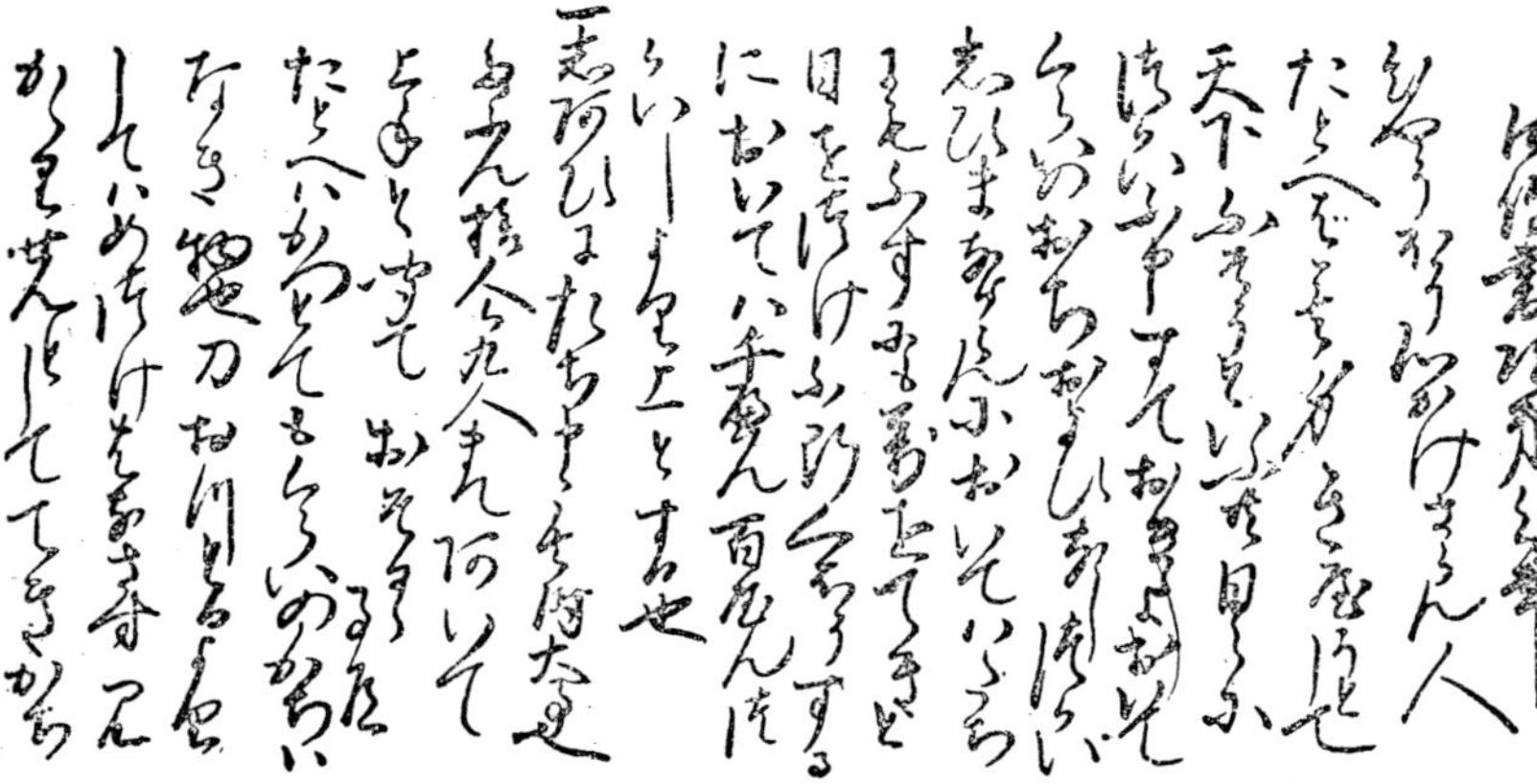

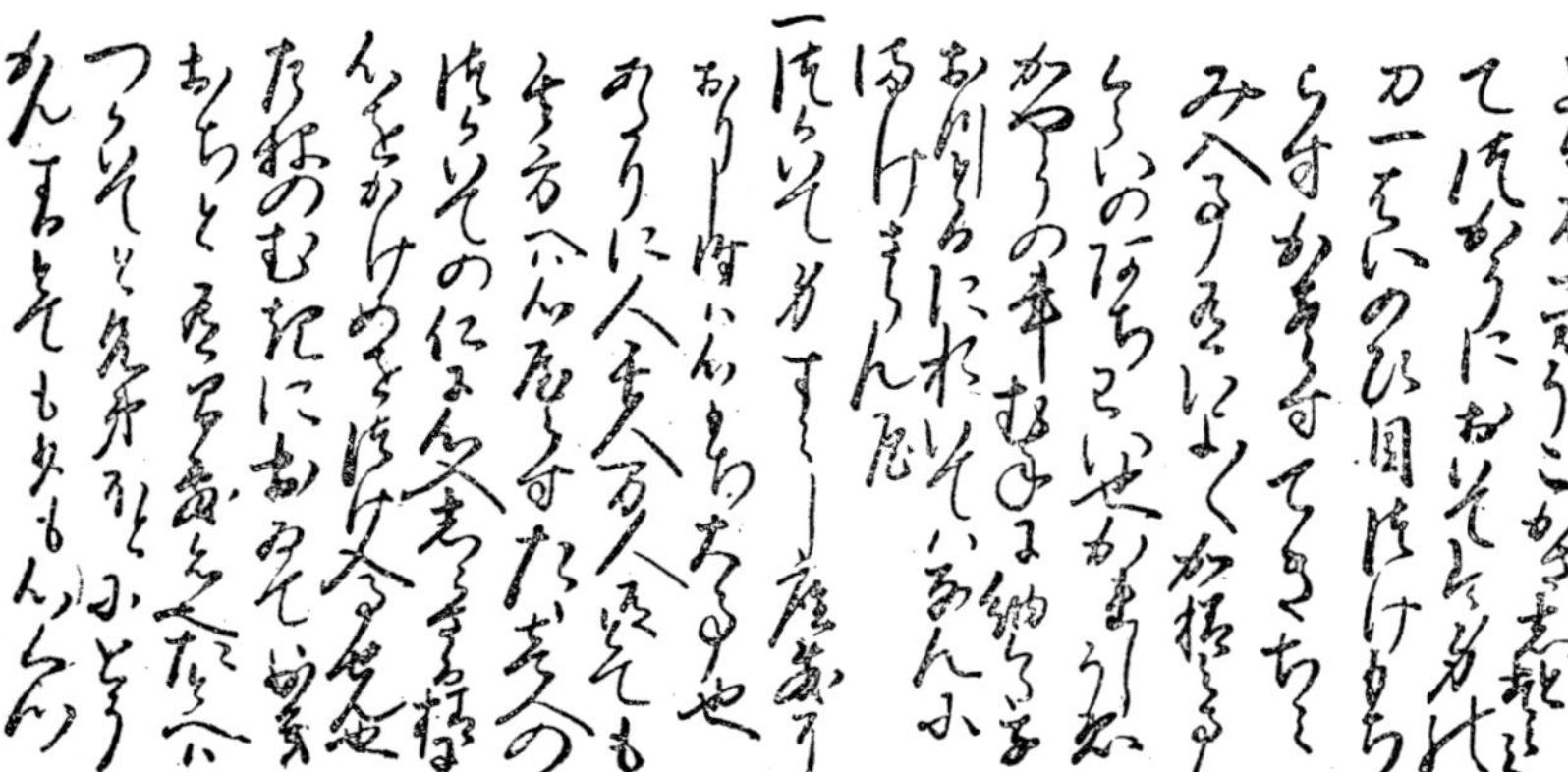

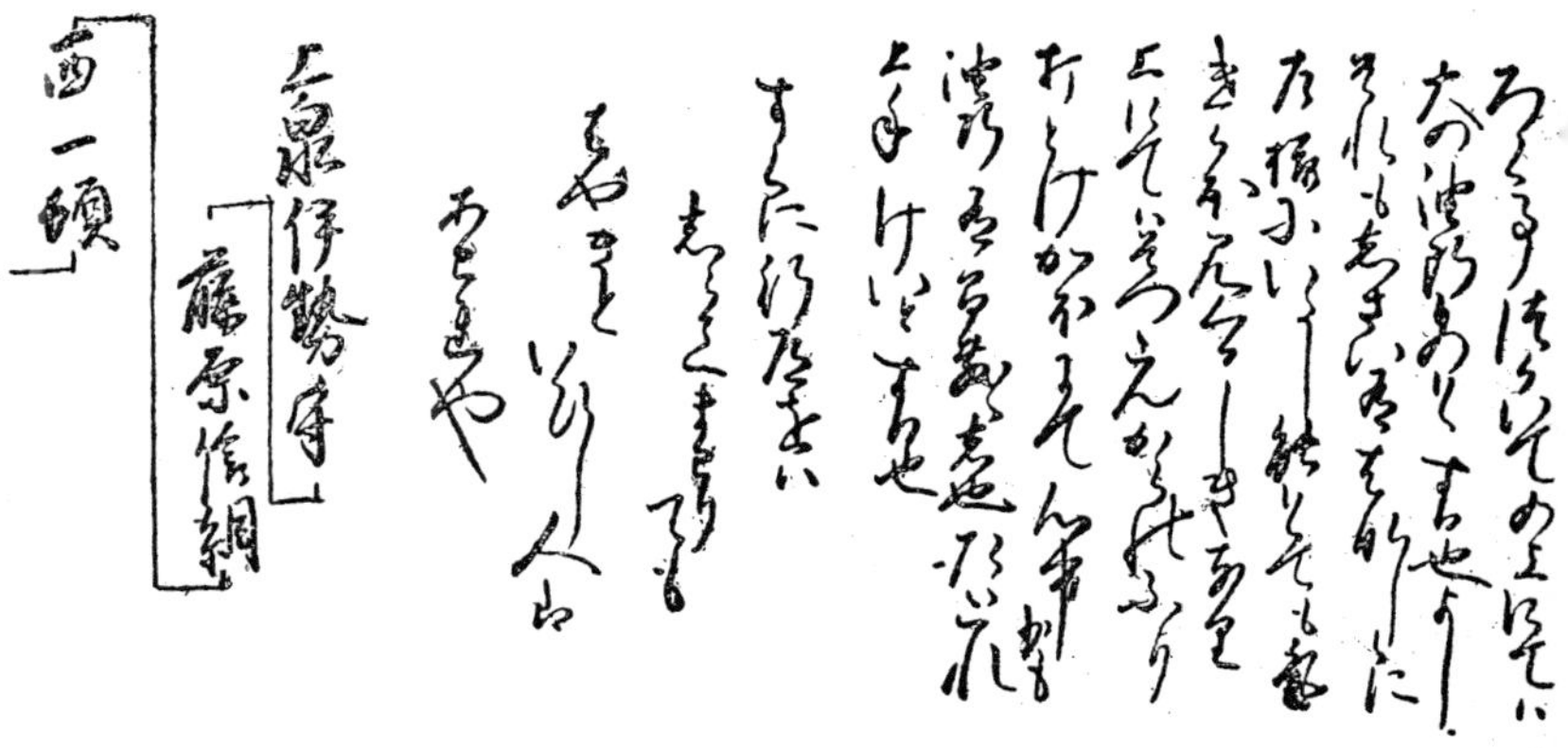

西一頓
上泉伊勢守
藤原信綱

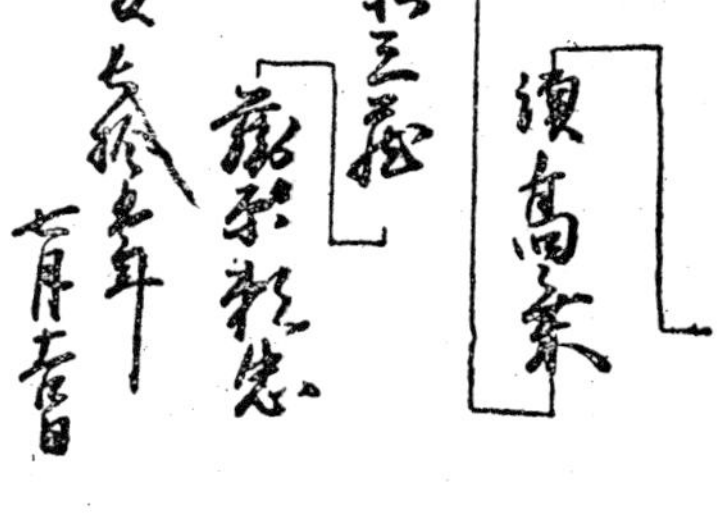

慶長五年
六月吉日

新替流
道場荘厳儀式　欠

一影幕　一枚
一血脈鉢　長サ一尺八寸
一唐木鉢　口伝
一流香合
一鏡　一面
一以錦張天井
一唐本柱以錦巻之
一水引金襴
一曽猩々皮
一幡以錦　百本
一折敷
一瓶子　一対
一銚子提子

一盃　一対
一肴　熨斗鮑勝栗昆布
一餅　三百本
一赤飯
一帯　十筋
一太刀　一腰
一刀　一腰
一脇指　一腰
一蠟燭　十二挺
一矢　一手
一弓　一張
一團　一本
一扇　一本
一小袖　一重
一甲冑
一折紙

一馬　一疋

一鞍鐙

一布施　百貫

惟接入也

白上　太刀

梅意　太刀

乱

唵摩利支曳娑婆訶

右陽炎法者備摩利支

尊天之妙術也故

白勝負萬里之外者哉

秘中有極秘中有秘

請思之

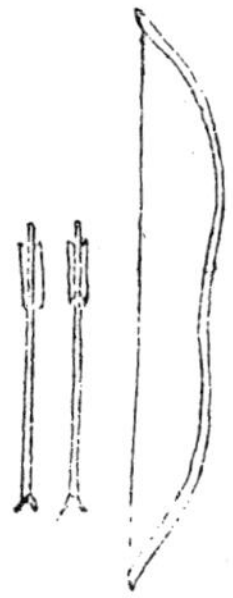

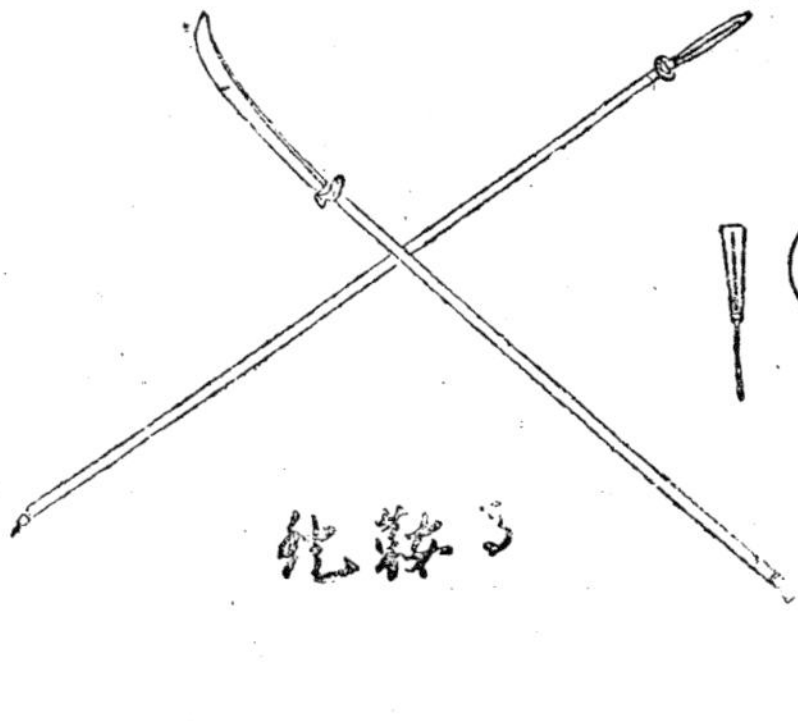

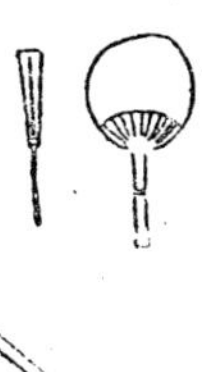

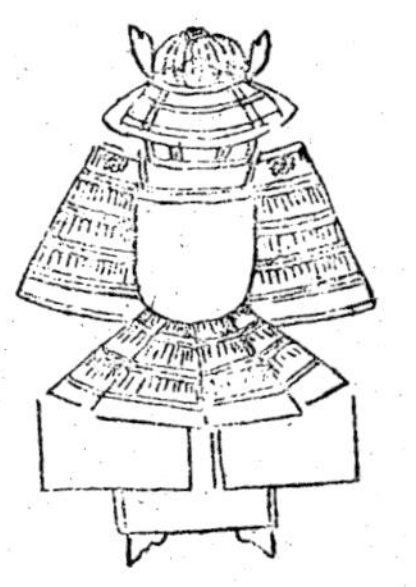

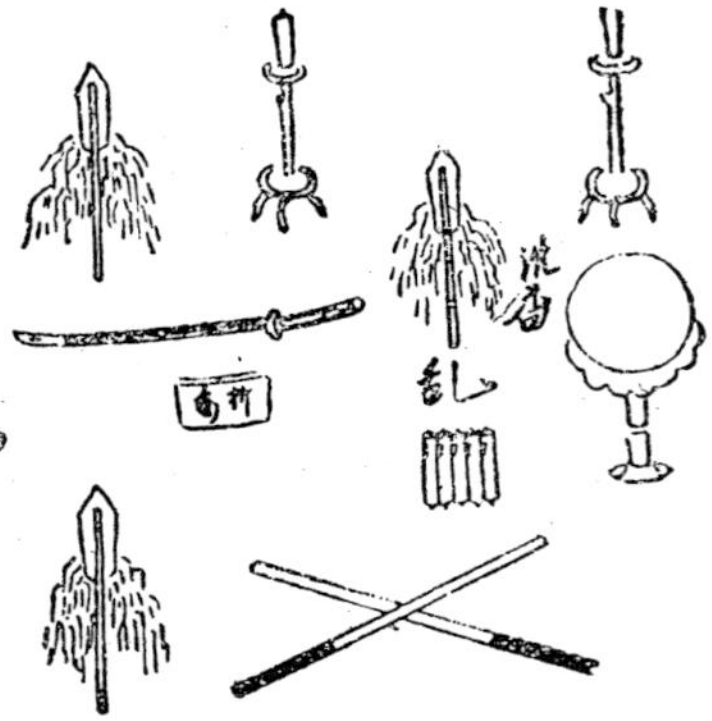

上泉伊勢守
藤原信綱

西一頓
須高棄

山本三郎

藤原親忠

慶長拾五年
七月吉日

大陰之太刀組事也
一必勝　太刀
一逆風　太刀
一十太刀　太刀
一乱木　太刀
一捷径　太刀
一大詰　太刀
一小詰　太刀
一八重垣　太刀
一村雲　剣
此道傳事御
摩利支天斎

……
エイソワカ雖難君子
全於書之莫容易許
傳之也
若執心深輩者先
望以起請文傳之
大形一流相傳之者
相三度可傳之旨
莫憚
爲天之
禁制
一抑他流事
一無佐合事
一打木刀事

九箇

平朝兵法者従辞
當任軒雨令資
孝
奥作
ゝ葬枝務之儀後記
天照皇太神宮大
與了於ゝ傳地神ゝ
以ゝ伝人王自人王伝受
之者不知ゝ兵務唯ゝ
又剣撥乱掛業大ゝ
十余刑置唐発叶
学者努力ゝゝ

一酒々人教事
一児女人教事
右條々於背者此起請文有
不覚何係可傳矣

上泉伊勢守
藤原信綱

西一頓
須高策

出羽三郎
藤原輝光

慶長拾年
七月吉日

斜釘鐵礎

平帯直套

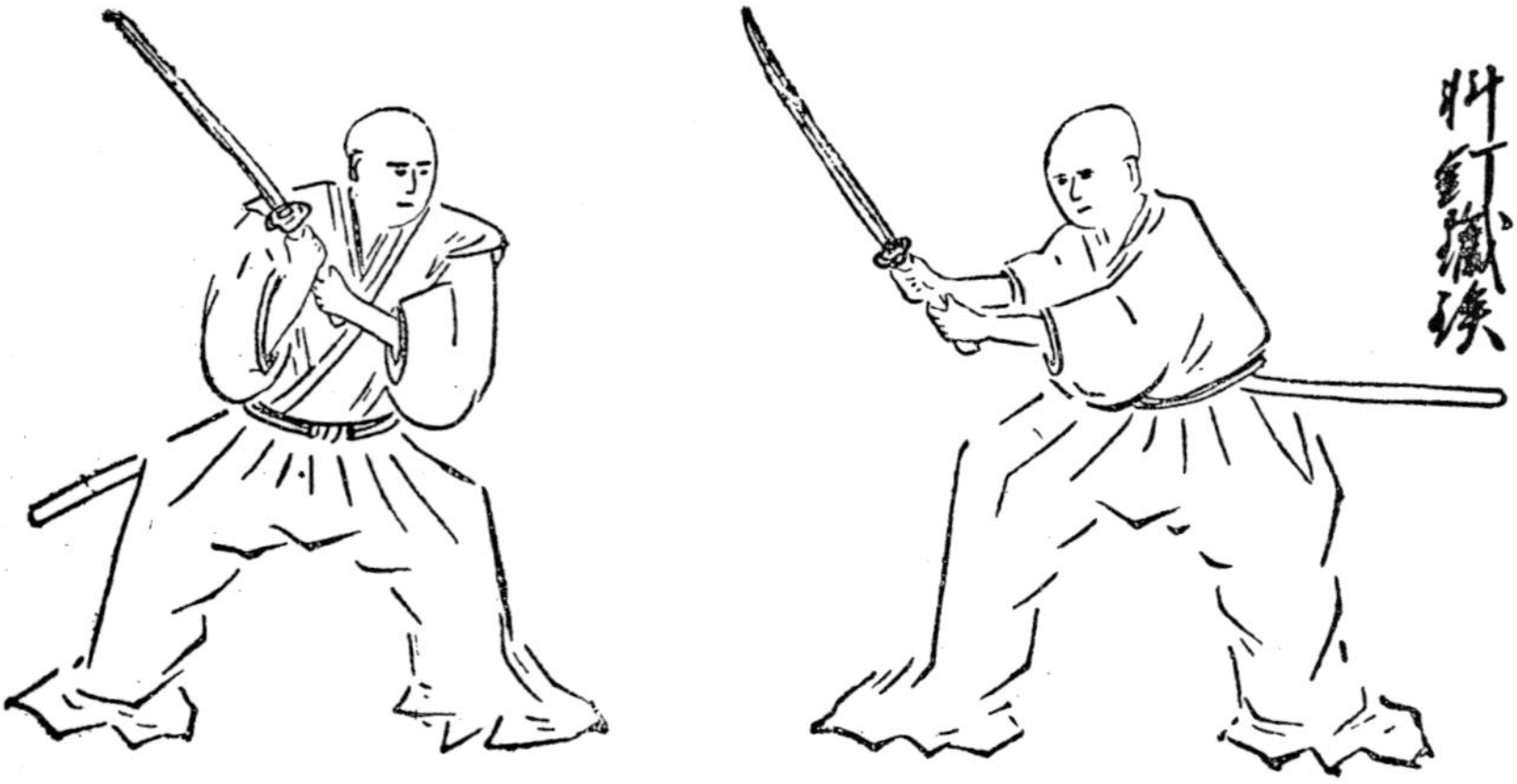

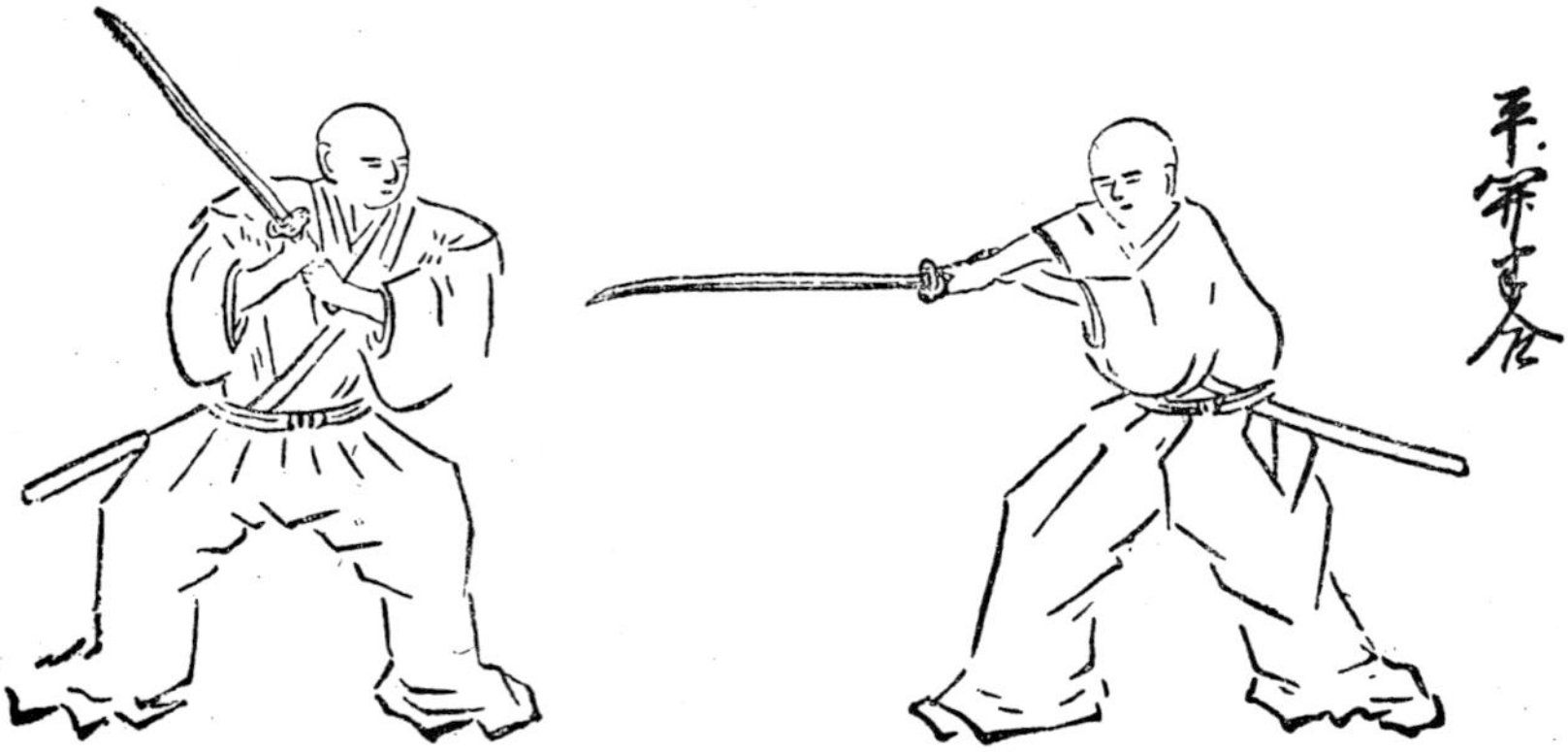

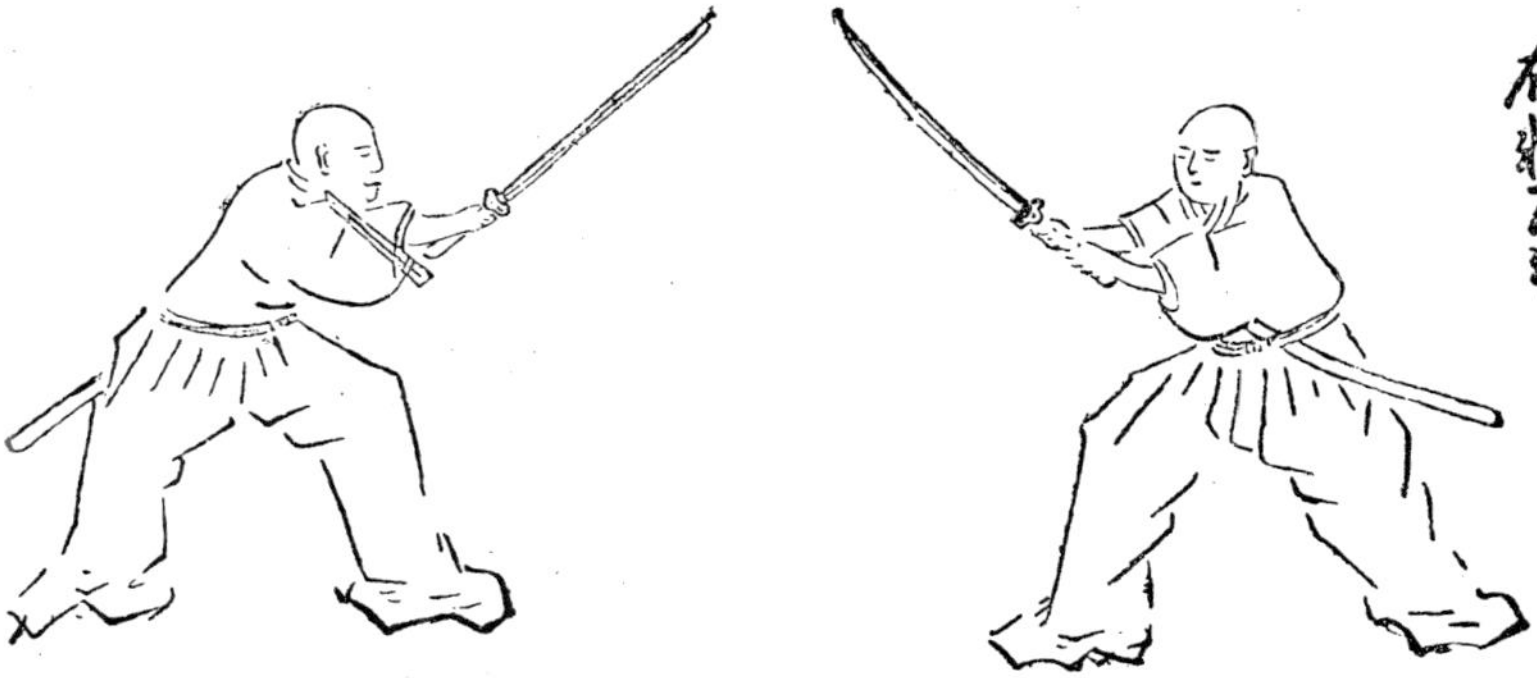

右將左將

長短一味

上泉伊勢守
藤原信綱

西一頓

須高采

山小三郎

藤原彬忠

慶長五年
七月吉日

序記

新影流

凡兵法者百家之流派雖多一
國有之、而摩訶迦葉七佛以下
文殊之智之神秘也
則劍截斷煩惱縛之一切
底在無累不羅漢其後一
傳兵法盤旋摩利支
尊天照之紀術之始
於漢者三皇黃帝
征戰敗蚩尤于涿鹿之野
五帝三王亦克明行之
後世兵法也、知得兵法者

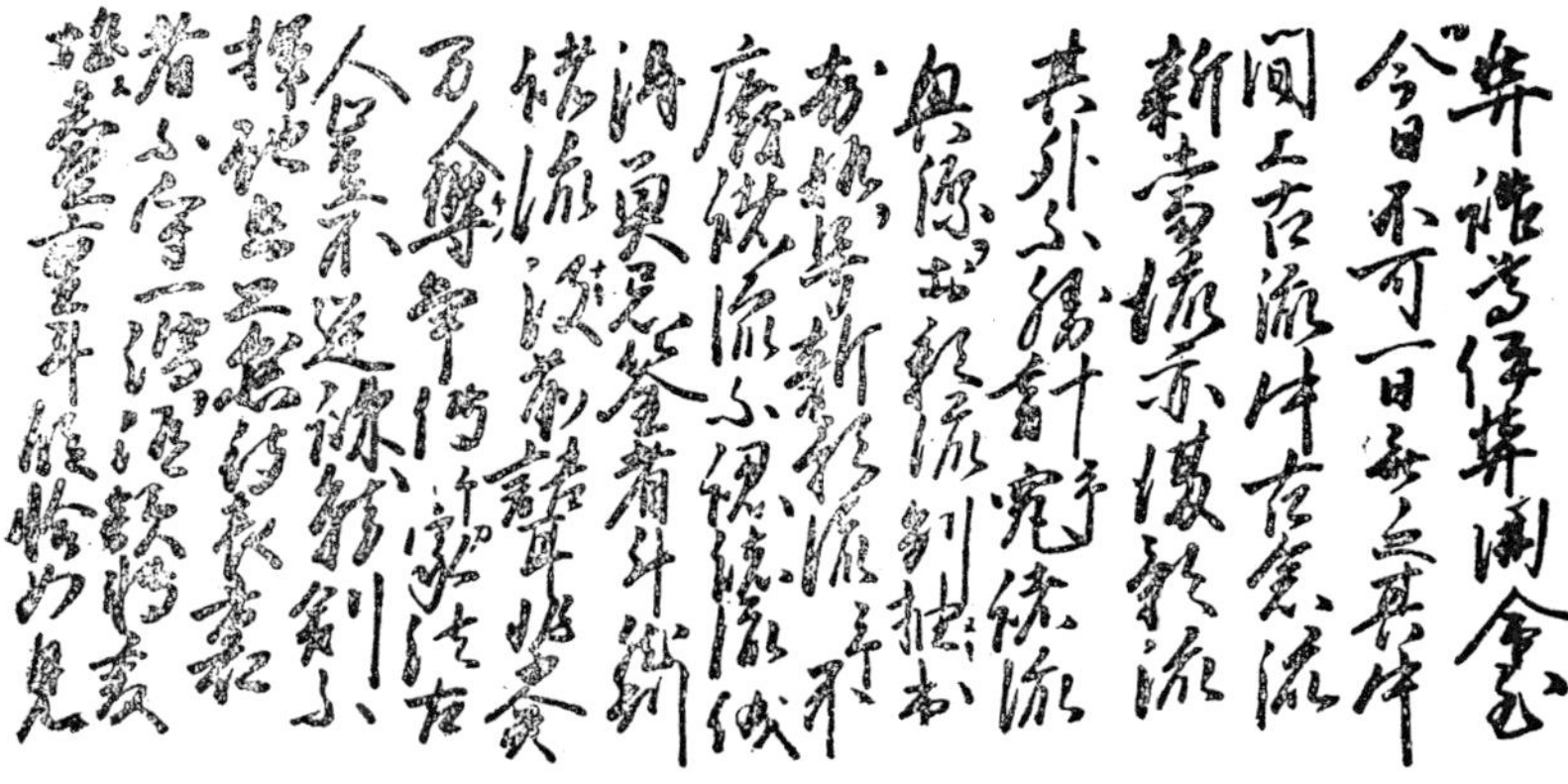

兵法為保身衛命之
今日不可一日無也、其件
間上古流、中古流
新當流、亦復新流
其外不勝計、究[illegible]流
[illegible]

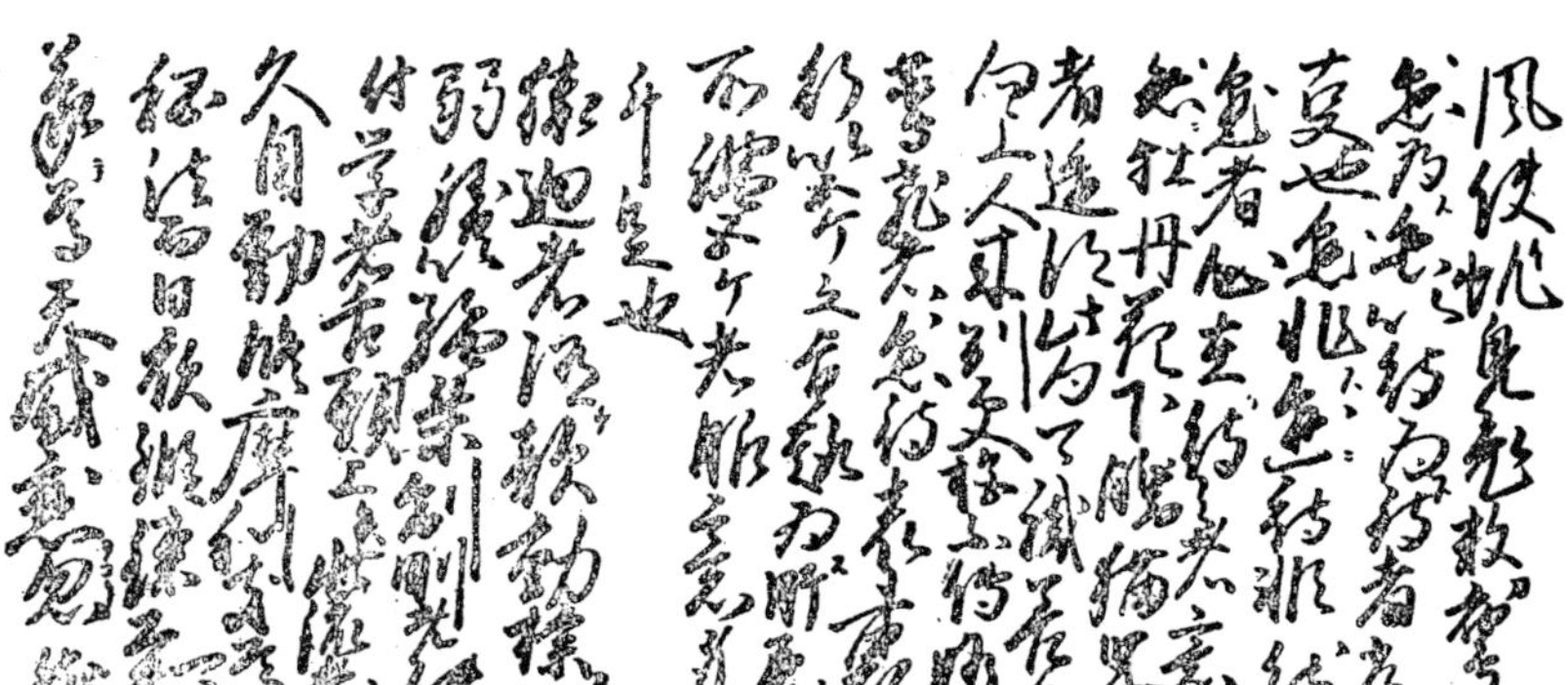

[illegible]

百流然見上勝録起

山陰

月影

浦波

浮舟

山霞

獅子奮乱

上泉伊勢守
藤原信綱
西一頓
須島宗
山小三徳
藤原形忠
慶長五年
七月吉日

新蔭流天狗書巻

抑天狗者有生不滅有
躰不見有名不落
在住一所鬼家船賊
辻風賊木魂欲洗術
尤者也懸不為懸待
不為待表不為表
故裏又不為裏
上下天之而変勝負
不思儀神変也
依之天狗書云々

南林房

風眼房

太郎房

求意房

智羅天

火乱房

修徳房

金毘羅房

拾之
論明碑

十二
柳峰

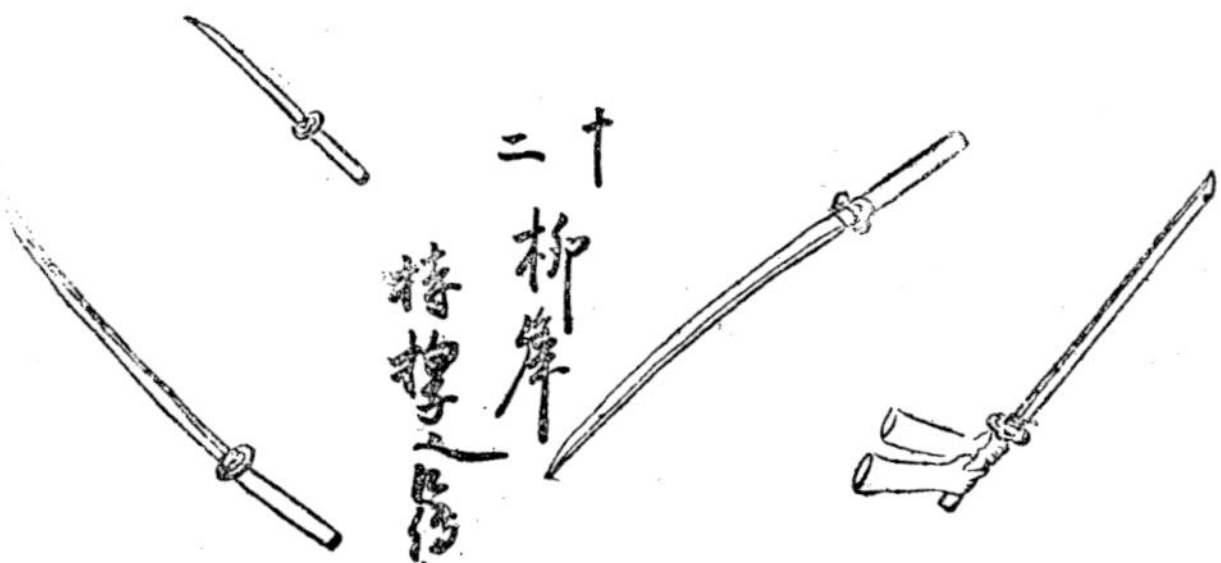

上泉伊勢守

藤原信綱

西一頓

須高之秀

山中三光

藤原種忠

寛永拾五年
七月吉日

新陰之流猿飛目録

凡猿飛者懸待表裏之行以五ヶ之眷趣為肝要謂五ヶ者眼意身手足也此位能於鍛錬自浅至深秘術可有之者也

一猿飛　一猿廻

一山陰　一月影

一浮舟　一浦波

猿飛巻畢也

新陰之流参学之巻

敵立手而專一心不顧身命截懸時以此一巻之位可勝

口傳

一見[illegible]　一松風

一花車　一長短一味

一徹底　一礒波

参学之巻畢也

新陰流位詰之目録

此一巻奥意者雖以能捧截懸業手行以其上位得勝口傳

一高波　一遅風

一岩砕　一残心

一清月　一眼勝

位詰之巻畢也

天狗書秘傳之巻

此一巻者励志於柚忠可

第四　大日本武德會形及び範士、其の他

（大日本武德會劍道形は本文に於て記述したる如くなるが更に其の實際を圖解す。）

大日本帝國劍道形

立合

一、打太刀、仕太刀劍を提げ立體に始む。

一、立合、間合の距離は凡そ九步とす。（約三間）但し互に大きく三步づつ踏み出し蹲踞しつゝ劍を拔き合す。其構は稍々右足を踏み出し自然體なるを度となし立上り劍尖を下げ小さく互に左足より五步退き其條項の構をなす。

一、最終の禮は最初に同じ。

懸掛

一、「ヤー」「トー」の二聲となす。

第一本

打太刀左り諸手上段仕太刀右諸手上段にて互に進み、打太刀左足より仕太刀右足より間合に接するや打太刀は機を見て右足より踏み出仕太刀の正面を打つ仕太刀は左足より體を少し後方に拔き打太刀の正面を打ち左足を踏み出し上段に冠り殘心を示す打太刀は劍尖を下段のまゝ左足より二歩退き下段より劍尖を起し中段に着くるを仕太刀も同時に上段を下ろし相中段となり劍尖を下げ元に復す。

第二本

打太刀仕太刀相中段にて互に進み間合に接するや打太刀は機を見て仕太刀の右籠手を打つ仕太刀は左に左足を拔き大きく右足を踏み出し、右籠手を打ち相中段となり劍尖を下げ元に復す。

第三本

打太刀仕太刀相下段

にて互に右足より進み間合に接するや打太刀幾を見て劍刄を少し仕太刀の左に向け諸手にて仕太刀の胸部を突く仕太刀は之を撫し入れ突きに流すと同時に打太刀の胸部を突く、打太刀は此の時右足を引き仕太刀の劍尖を右へ押へ左足を引くと同時に又左に劍尖を押さへるを仕太刀は左足右足より位詰にて稍々二三步右足より進み後ち相中段となり中央迄來り劍尖を下げ元に復す。

第四本

打太刀八相仕太刀脇構

にて互に左足より進み間合に接するや打太刀は機を見て八相より仕太刀の正面を打つ仕太刀も同時に脇構より打太刀の正面を打つを以て相打ちとなり打太刀は劍刄を少し仕太刀の左に返し右足を進むると同時に諸手にて仕太刀の胸部を突く仕太刀は右足を引き左足を左へ轉ずると同時に捲き返し打太刀の面を打ち相青眼となり劍尖を下げ元に復す。

第五本

打太刀左諸手上段仕太刀青眼

にて互に進み（打太刀は左足より仕太刀は右足より）間合に接するや打太刀は機を見て右足を踏み出すと同時に諸手上段より仕太刀の正面を打つ仕太刀は其劍を摺り上げ打ち太刀の正面を打ち、右足を引き左上段に冠り殘心を示す打太刀は劍尖を青眼に着くるを以て仕太刀も左足を引き劍尖を靑眼を下ろし相靑眼となり劍尖を下げて元に復す。

第六本

打太刀靑眼仕太刀下段

にて互に右足より進み間合に接するや仕太刀は機を見て下段より劍尖を靑眼に着るを打太刀は右足を引くと同時に左上段に冠る仕太刀は靑眼のまゝ大きく右足より一歩を攻め進む打太刀は直ちに靑眼となり機を見て仕太刀の右籠手を打つ仕太刀は其劍を摺り上ると同時に左足を左に拔き右足を踏み出して右籠手を打つ而して左足を踏み出し上段に冠り殘心を示す、打太刀は劍尖を下げ左足より少し引き相靑眼となり劍尖を下げ元に復す。

第七本

打太刀仕太刀相靑眼

にて互に右足より進み間合に接するや打太刀は機を見て仕太刀の胸部を諸手にて突く仕太刀は諸手を伸ばして劍尖にて其の劍を押へ互に相青眼となり打太刀は左足を踏み出し右足を踏み出すと共に體を捨て諸手にて仕太刀の正面に打ち込む仕太刀は右足を右に拔き左足を踏出して體を摺り違ひながら諸手にて打太刀の右胴を打ち、右膝を蹲踞脇構となし殘心を示し、後相青眼となり劍尖を下げ元に復す。

小太刀形三本

（打太刀長刀。仕太刀小刀）

第一本

打太刀上段仕太刀青眼半身の構へ

互に進み（打太刀左足より仕太刀右足より）仕太刀入身となり進むを打太刀は上段より進み機を見て仕太刀の正面を打ち下ろす仕太刀は體を右斜に拔くと同時に受け流し打太刀の正面を打ち左足より一歩引き上段に取り殘心を示し後相青眼となり劍尖を下げ元に復す。

第二本

打太刀下段仕太刀青眼半身の構

互に右足より進み打太刀は青眼に構へを直さんとし仕太刀は之を押へて入身とならんとするを打太刀は脇構に拔き仕太刀の再び入身となるを脇構より正面に打ち込む仕太刀は左足を左に前進し體を左に轉じ其劍を受け流し面を打ち、打太刀の二の腕を押へ劍尖を咽喉部に着け殘心を示し後相青眼となり劍尖を下げ元に復す。

第三本

打太刀青眼仕太刀下段半身の構

互に右足より進み仕太刀は入身とならんとするを打太刀は青眼より仕太刀の正面を打ち下ろす仕太刀は其劍を左へ摺り落すを打太刀は直ちに仕太刀の右胴を打つ仕太刀左足を左斜に踏み込むと同時に小太刀の鍔元にて打太刀の鍔元を押へ入身となり打太刀の二の腕を押さへて三歩進み劍尖を咽喉部に着け後青眼となり劍尖を下げ元に復す。

①
②
③
④
⑤
⑥
⑦
⑧

9
10
11
12
13
14
15
16

写真三

四本目

五本目
1
2
3
4
5
6
7
8

1
2
3
4
5
6
7
8

10
9
4
1
5
2
6
3

7
8
9
10
11
12
13
14

15

16

17

18

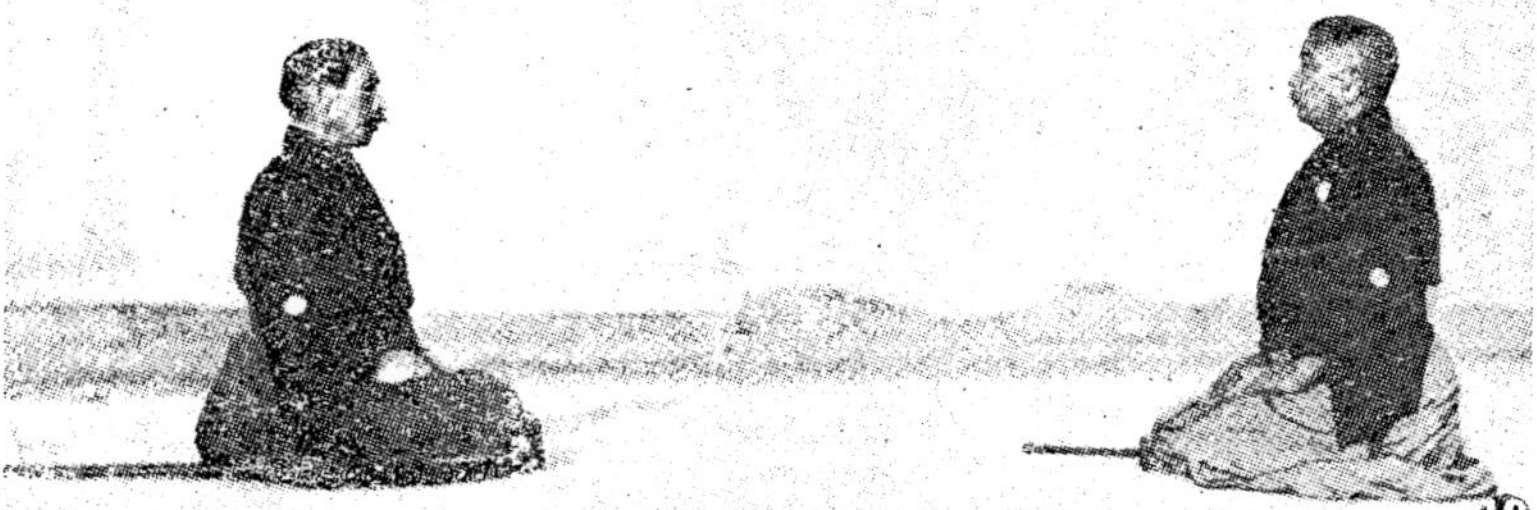
19

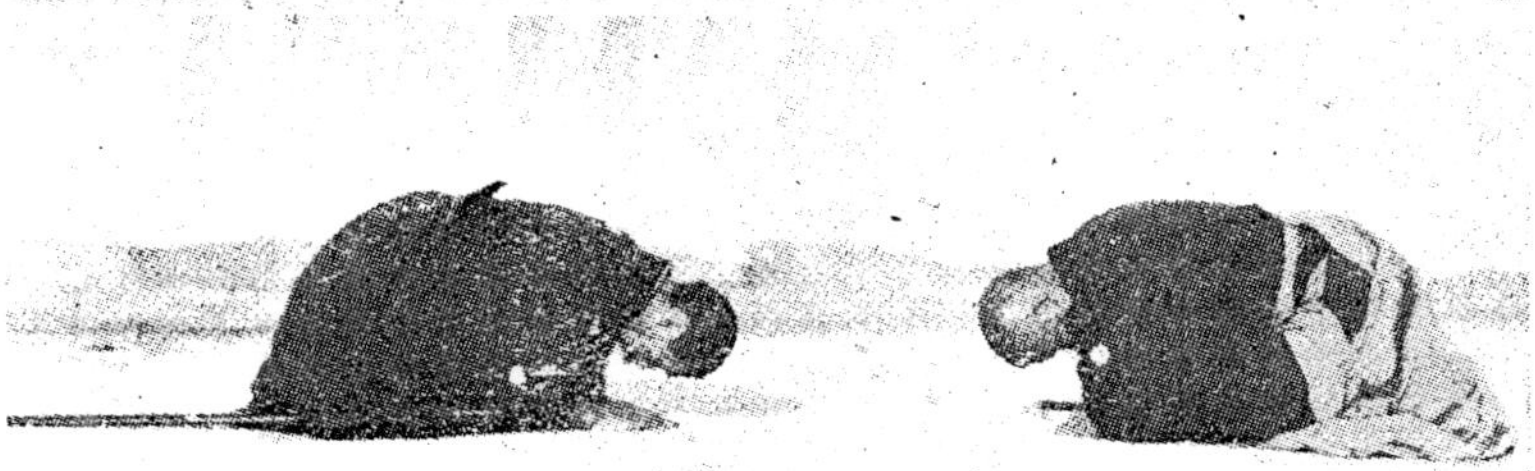
20

小太刀形

第一本　打太刀上段仕太刀晴眼半身ノ構ヘ互ニ進ミ仕太刀入身打太刀上段ヨリ正面ヲ打下ロス仕太刀體ヲ右斜ニ披キ受ケ流シテ打太刀ノ正面ヲ打チ上段ニ取リ後相晴眼トナリ剣尖ヲ下ケ元ニ復ス

第二本　打太刀下段仕太刀晴眼半身ノ構ヘ互ニ右足ヨリ進ミ仕太刀入身トナルヲ打太刀脇構ニ披キ正面ニ打込ム仕太刀體ヲ左ヘ轉シ受ケ流シテ面ヲ打チ其二ノ腕ヲ押ヘ剣尖ヲ咽喉部ニ着ケ後相晴眼トナリ元ニ復ス

第三本　打太刀晴眼仕太刀下段半身ノ構ヘ互ニ右足ヨリ進ミ仕太刀ノ入身ヲ打太刀上段ヨリ打チ仕太刀其剣ヲ右ヘ摺リ落スヤ直ニ右胴ヲ打ツ仕太刀踏込ミ鍔元ニテ對手ノ鍔元ヲ押ヘ入身トナリテ二ノ腕ヲ押ヘ二三歩進ミ剣尖ヲ咽喉部ニ着ケ後晴眼トナリ元ニ復ス

以上

二本目
9
7
10
8
3
1
4
2

8
9
10
2

3
4
5
6
7
8
9
10

13

14

15

16

17

18

大日本武德會創立以來物故せる範士

劍道之部

渡邊昇　天保九年四月九州大村ニ生ル　大正二年十一月十日死亡東京　明治三十六年五月八日劍道範士

三橋鑑一郎　天保十二年三月二十七日愛知岡崎ニ生ル　明治四十二年三月十五日死亡京都　明治三十六年五月八日劍道範士

柴江運八郎　天保五年十一月二十八日九州大村ニ生ル　大正元年十月二十九日死亡九州大村　明治三十六年五月八日劍道範士

石山孫六　文政十一年十月十八日江戸ニ生ル　明治三十七年七月死亡高知　明治三十六年五月八日劍道範士

得能關四郎　天保十三年一月十五日江戸ニ生ル　明治四十一年七月死亡東京　明治三十六年五月八日劍道範士

坂部大作　天保七年十月吉田藩（豐橋）ニ生ル　明治四十一年九月死亡豐橋　明治三十六年五月八日劍道範士

高尾鐵叟　天保二年九月長崎ニ生ル　明治三十八年二月死亡長崎　明治三十六年五月八日劍道範士

阿部守衞　弘化三年岡山ニ生ル　明治四十年八月死亡岡山　明治三十九年三月二十六日劍道範士

根岸信五郎　弘化元年正月新潟ニ生ル　大正二年九月十五日死亡東京　明治三十九年三月二十六日劍道範士

小野田伊藏　天保九年六月一日新潟ニ生ル　大正五年二月八日死亡長野　明治四十一年五月二十二日劍道範士

眞貝忠篤　天保十三年一月二十日江戸ニ生ル　大正九年二月九日死亡東京　明治四十一年五月二十二日劍道範士

辻眞平　嘉永二年八月十五日佐賀ニ生ル　大正三年七月二十七日死亡佐賀　明治四十二年六月五日劍道範士

和田傳　天保十四年正月熊本ニ生ル　大正五年四月死亡熊本　明治四十二年六月五日劍道範士

梅崎彌一郎　弘化四年六月久留米ニ生ル　大正二年十二月二十八日死亡熊本　明治四十二年六月五日劍道範士

桂直溫　天保十四年一月二十八日京都丹波ニ生ル　大正二年四月十四日死亡　明治四十二年六月五日劍道範士

左山捨吉　弘化元年四月滋賀膳所ニ生ル　大正三年八月二日死亡神戸　明治四十二年六月五日劍道範士

內藤高治　文久二年十月二十五日水戸ニ生ル　昭和四年四月九日死亡京都　大正二年四月二十八日劍道範士

門奈正　安政二年四月水戸ニ生ル　昭和五年九月二十二日死亡名古屋　大正二年四月二十八日劍道範士

太田彌龍　弘化四年三月十七日京都園部ニ生ル　大正九年五月死亡京都　大正三年八月四日劍道範士

上村信夫　嘉永二年一月八日廣島ニ生ル　大正四年二月十八日死亡新潟　大正三年八月四日劍道範士

二宮久　嘉永三年五月山口縣ニ生ル　大正十四年三月十三日死亡山口　大正三年八月四日劍道範士

柴田衞守　嘉永二年十月二十一日江戸ニ生ル　大正十四年九月十一日死亡東京　大正四年八月十日劍道範士

小關教道　弘化三年京都龜岡ニ生ル　大正九年五月九日死亡京都龜岡　大正五年五月十七日劍道範士

秋山多吉郎　弘化二年八月德島ニ生ル　昭和丑年一月死亡大阪　大正五年五月十七日劍道範士

淺野一摩　嘉永五年四月久留米ニ生ル　昭和九年十月死亡福岡　大正七年九月二十一日劍道範士

佐々木正宣　安政四年水戸ニ生ル　大正十一年八月九日死亡鹿兒島　大正七年九月二十一日劍道範士

小林定之　嘉永三年十二月宇都宮ニ生ル　大正十一年十二月十二日死亡東京　大正七年九月二十一日劍道範士

木村敷秀　安政二年正月十五日金澤ニ生ル　大正七年九月二十一日劍道範士
大正十三年八月十二日死亡東京

上田光重　嘉永三年十月大分ニ生ル　大正八年四月劍道範士
大正九年死亡同日柔道範士追授

香川善次郎　大正九年五月七日劍道範士
大正十一年三月死亡香川

永井利胤　安政六年十二月生ル　大正九年五月七日劍道範士
昭和四年一月七日死亡東京

矢野勝治郎　安政四年十二月十日京都ニ生ル　大正九年五月七日劍道範士
昭和六年三月死亡京都

宮脇彈次　嘉永五年生　大正十年九月二十日劍道範士
大正十五年九月三十日死亡熊本

中島春海　安政三年生　大正十年九月二十日劍道範士
大正十二年六月十二日死亡廣島

宗　重遠　嘉永元年五月久留米ニ生ル　大正十年九月二十日劍道範士
昭和五年三月死亡東京

山根正雄　嘉永六年生　大正十年九月二十日劍道範士
大正十四年三月九日死亡徳島

納富敎雄　安政五年六月十一日生ル　大正十年九月二十日劍道範士
昭和九年二月死亡佐賀

野田長三郎　安政元年十月生　大正十年九月二十日劍道範士
昭和二年十一月死亡熊本

長坂忠哉　嘉永五年生　大正十年九月二十日劍道範士
大正十四年三月十五日死亡東京

本間三郎　安政六年三月生　大正十年九月二十日劍道範士
死亡群馬

柴田克巳　弘化三年一月新潟ニ生ル　大正十一年五月二十日劍道範士
昭和二年四月九日死亡長野

八幡十郎　安政元年生　大正十一年七月十九日劍道範士
大正十三年一月二十一日死亡栃木

谷田貝彌三郎　萬延元年宇都宮ニ生ル　大正十三年一月十四日劍道範士
大正十三年一月十五日死亡栃木

加藤貫一　嘉永六年二月二十五日名古屋ニ生ル　大正十三年五月八日劍道範士
昭和五年九月二十八日死亡愛知

伊奈盛高　安政三年松山ニ生ル　大正十三年五月八日劍道範士
昭和二年十二月死亡愛媛

小野岡隆俊　安政二年二月羽後秋田ニ生ル　大正十三年五月八日劍道範士
昭和六年十一月二十五日死亡大阪

長沼和郷　大正十四年六月一日劍道範士
昭和二年十月死亡東京

柳生嚴周　弘化二年尾張ニ生ル　大正十四年六月一日劍道範士
昭和二年二月十一日死亡名

井上藤十郎　嘉永五年熊本ニ生　大正十四年六月一日劍道範士
昭和三年一月一日死亡熊本

幾岡太郎一　安政元年九月十九日福岡ニ生ル　大正十四年六月一日劍道範士
昭和四年十月十二日死亡福岡

梅川巳之四郎　文久二年五月廿五日石岡藩（茨城）ニ生ル　大正十四年六月一日劍道範士
昭和八年一月四日死亡茨城

青木七郎　慶應元年十一月埼玉ニ生ル　大正十五年五月十四日劍道範士
昭和四年八月二十二日死亡埼玉

上遠野秀忠　安政元年四月秋田ニ生ル　大正十四年六月一日槍術範士
大正十五年五月十四日劍道範士　昭和八年八月死亡秋田

杉山保次郎　安政元年名古屋ニ生ル　大正十五年七月二十日劍道範士
同日死亡愛知

猿田東之助　元治元年正月千葉ニ生ル　昭和二年五月十日劍道範士
昭和四年六月八日死亡千葉

大澤吾三郎　弘化三年十一月生ル　昭和二年五月十日劍道範士
昭和三年三月死亡栃木

松本元次　文久二年四月茨城ニ生ル　昭和三年七月劍道範士
同月死亡東京

上野友太郎
天保十四年八月近江彦根ニ生ル　昭和四年五月二十一日劍道範士
昭和六年八月死亡三重上野

西久保弘道
文政三年五月十五日佐賀ニ生ル　昭和四年五月二十一日劍道範士
昭和五年七月死亡千葉

浦上義治
安政元年岡山ニ生ル　昭和四年十二月九日劍道範士
昭和五年十一月死亡岡山

伊藤亮彌
安政四年七月栃木ニ生ル　昭和六年一月十六日劍道範士
同日死亡宮崎

柳田元治郎
元治元年三月宮城ニ生ル　昭和八年十二月二十日劍道範士
同日死亡仙台

北島辰一郎
明治九年九月佐賀ニ生ル　昭和十年十二月劍道範士
同日死亡東京

小關教政
明治四年十月二十二日京都龜岡ニ生ル　大正十三年五月劍道範士
昭和十一年三月二十三日死亡旅順

堀田德次郎
明治十八年六月愛知ニ生ル　昭和十一年四月二十日劍道範士
同日死亡愛知

阿久津辰吉
明治元年三月宇都宮ニ生ル　昭和十三年一月十六日宇都宮市扇町自宅ニテ死亡
昭和十三年一月十八日劍道範士追授

奥平鐵吉
安政元年生　大正九年五月劍道範士
昭和十三年五月七日死亡群馬

大島治喜太　明治二十二年四月生　昭和十四年二月十日死亡東京　昭和　五月劍道範士

市川宇門　明治十六年二月生　昭和十四年九月六日死亡青森　昭和十四年九月八日劍道範士追授

園部正利　文久元年十月生　昭和十五年二月二十三日死亡兵庫　昭和十五年五月十二日劍道範士追授

檜山義質　元治元年十二月生　昭和十五年三月六日死亡東京　昭和二年五月劍道範士

高橋赳太郎　安政六年七月二日生　昭和十五年十月二十一日死亡兵庫　昭和八年六月劍道範士

劍道範士之部

高野佐三郎　大正　二・四・範士　文久　二・　六・生　埼玉縣浦和市岸町六ノ七六

富山　圓　大正　三・八・範士　嘉永　四・　六・生　台北市錦町一三六

中山博道　大正　九・五・範士　明治　六・　二・生　東京都本郷區眞砂町三七

高野茂義　大正一一・五・範士　明治　九・　一・生　大連市楓町二三

川崎善三郎	大正一二・六・範士	萬延元・四・生	高知市江ノ口城北賓町七〇八
小澤愛次郎	大正一五・五・範士	文久三・一二・生	東京都中野區宮園通五ノ三三
島谷八十八	大正一五・五・範士	明治三・一二・生	奈良市東城戸町
中野宗助	昭和二・五・範士	明治一八・九・生	朝鮮京城府外阿峴里四七三
持田盛二	昭和二・五・範士	明治一八・一・生	東京都小石川區音羽町一丁目一三
小川金之助	昭和二・五・範士	明治一七・五・生	京都市上京區紫竹上梅ノ木町一
齋村五郎	昭和三・五・範士	明治二〇・五・生	東京都世田ケ谷區世田ケ谷町一ノ一〇四
植田平太郎	昭和五・五・範士	明治一〇・一〇・生	香川縣高松市六番丁二四
福留矢太郎	昭和六・五・範士	慶應元・一・生	鹿兒島市高麗町七一六
渡邊榮	昭和七・五・範士	明治一〇・一〇・生	神戸市湊區矢部町二九〇
納富五雄	昭和一〇・五・範士	明治一六・一二・生	宮崎市松橋町一ノ八二
大麻勇次	昭和一一・五・範士	明治二〇・一・生	佐賀市松原町六九
古賀恒吉	昭和一二・五・範士	明治一六・四・生	廣島市大手町七丁目八九ノ七
大澤藤四郎	昭和一二・五・範士	明治一二・二・生	札幌市南十七條西十二丁目

堀田捨次郎	昭和一二・五・範士	明治一六・九・生	東京都麻布區市兵衛町二ノ七八
越智侶一郎	昭和一三・七・範士	明治一三・九・生	松山市南持田町四〇
宮崎茂三郎	昭和一四・七・範士	明治二五・一一・生	京都市右京區太秦安井奥畑町一二
富田長太郎	昭和一四・七・範士	明治四・七・六・生	群馬縣前橋市岩神町一六〇
藤崎五三郎	昭和一四・七・範士	慶應元・四・一九・生	千葉縣千葉郡幕張町馬加五九四
近江佐久郎	昭和一四・七・範士	明治三・一二・二七・生	徳島市伊月町
松井松次郎	昭和一四・七・範士	明治一一・四・一一・生	福岡市高宮町四〇九
佐藤政五郎	昭和一六・七範士	元治元・一二・一三・生	名古屋市西區吹出町一ノ三七
下河部行敬	昭和一六・五追贈		
堀　正平	昭和一七・七・範士	明治二一・一二・生	廣島縣呉市岩方通七
伊藤精司	昭和一八・七・範士	明治一五・三・生	東京都牛込區喜久井町三二八
梅川熊太郎	昭昭一八・七・範士	明治一四・四・生	東京都牛込區原町三ノ三九
中島壽一郎	昭和一八・七・範士	明治二一・一一・生	京都市上京區衣笠赤坂町一
坂口鎮雄	昭和一八・七・範士	明治一五・一二・生	熊本市黒髪町女瀨三

柴田萬策	昭和一八・七・範士	明治二六・　生	東京都淀橋區諏訪町一三九
橋本統陽	昭和一八・七・範士	明治一八・八・生	東京都杉並區荻窪二ノ三二
吉田仙次	昭和一八・七・範士	萬延元・三・生	香川縣善通寺町生野
志賀矩	昭和一八・七・範士	明治一四・六・生	大阪市住吉區住吉町二五八
津崎兼敬	昭和一八・七・範士	明治二九・五・生	東京都世田ケ谷世田ケ谷二四三七
近藤知善	昭和一八・七・範士	明治一九・一一・生	朝鮮平城府山手町三二

（備考　昭和十七年教士は達士と改稱す。）

大日本武德會劍道試合審判規程

第一條　試合ハ攻擊ヲ主眼トシテ斬突ヲ確實ニシ實戰的氣魄ヲ以テ行ヒ特ニ姿勢態度ニ留意スベシ

第二條　試合ハ適正有効ナル斬突一本ヲ以テ勝負ヲ決ス

第三條　審判員ハ壹名ヲ原則トス　貳名以上ニテ審判ヲ行フ場合ハ內壹名ヲ主審トシ他ヲ副審トス

第四條　斬突ハ左ノ部位ニ限ル

イ　斬擊ノ場合　面（顳顬部以上）

胴（右、左）、籠手（右、左）

ロ　刺突ノ場合　喉（面垂レ）

第五條　試合中引上ハ之ヲ禁止ス

第六條　片手ヲ以テスル斬突ハ正確ニシテ十分有効ナルモノニ非ザレバ勝ト認メズ

第七條　太刀ヲ落シ又ハ落サレタル時ハ不隙對敵行動ヲ爲スベシ

但シ審判員ハ組付タル以後ノ攻擊ヲ差止メ改メテ試合ヲ續行セシム
第八條 本規程ニ示サザル事項ニ關シテハ審判員ニ於テ適宜之ヲ處理スベシ
第九條 竹刀ニ關シテハ左ノ通リ定ム
竹刀ノ長サハ三尺六寸以內（柄一尺以內鍔下九寸以內）トス
但シ兩刀使用ノ場合小刀ノ長サハ二尺二寸以內（柄五寸以內鍔下約四寸五分以內）トス

大日本武德會劍道試合審判要領

試合及審判ハ左ノ順序、要領ニ依リ之ヲ行フベシ
一、出　場　（提刀）試合者ハ出場シ立間六步ヲ以テ相對ス
二、禮
　イ、神前ニ拜禮（立禮）
　ロ、相互ニ禮　（同　）
三、拔　刀　（構刀）
四、「始メ」　審判員ハ「始メ」ト宣ス
五、試　合

六、斬突有効ナリシ時ハ審判員「ヨーシ」ト宣ス
七、試合者ハ原位置ニ戻リ提刀ス
八、勝ヲ宣ス　審判員ハ「此方ノ何々」ト有効ナリシ斬突ノ部位ヲ呼稱シ勝ヲ宣ス
九、終　リ　審判者ハ「止メ」ト宣ス
一〇、禮　イ、相互ニ禮（立體）
ロ、神前ニ拜禮（立體）
一一、退　場　試合者退場ス

（昭和十九年十月改正規定に依る。）

皇國劍道史　終

著者略歴

明治三十一年衆議員議員當選爾來五回當選、大正十五年劍道範士。憲兵隊戸山學校警察部學校等劍道指南。

昭和十九年九月三十日　初版印刷
昭和十九年十月　五　日　初版發行
（二、〇〇〇部）

(停)定價金　參　圓
特別行爲稅相當額　金　二　十　錢
賣價金參圓貳拾錢

日本出版會承認
イ　320746
（116142・田中誠光堂）

著　者　小澤愛次郎（オザワアイジロ）

發行者　東京都麹町區九段一ノ四
田　中　捨　吉

印刷者　東京都芝區田村町四ノ二
東都印刷株式會社
代表者　倉　島　淸　高
（東京　六五）

配給元　東京都神田區淡路町二ノ九
日本出版配給株式會社

發行所　東京都麹町區九段一ノ四
株式會社　田　中　誠　光　堂
會員番號　一一六一四二番

〈復　刻〉

皇国剣道史（オンデマンド版）

二〇〇二年八月十日発行

著　者　小澤愛次郎

発行者　橋本雄一

発行所　㈱体育とスポーツ出版社
東京都千代田区神田錦町二—九
電話（〇三）三二九一—〇九一一
FAX（〇三）三二九三—七七五〇

印刷所　㈱デジタルパブリッシングサービス
東京都新宿区西五軒町一一—一三
電話（〇三）五二二五—六〇六一

ISBN4-88458-004-4　Printed in Japan　AA885